A Nova Gestão
Na Era do Conhecimento

A Nova Gestão

Na Era do Conhecimento

A VISÃO DE 16
MENTES INFLUENTES
DO MERCADO

Coordenação:
Marcello Beltrand

1ª edição

São Paulo, 2016

Copyright© 2016 by **Editora Leader**
Todos os direitos da primeira edição são reservados à **Editora Leader**

Diretora de projetos
Andréia Roma

Diretor executivo
Alessandro Roma

Projeto gráfico e diagramação
Roberta Regato

Revisão
Miriam Franco Novaes

Gerente comercial
Liliana Araujo Evangelista

Impressão
Prol Editora Gráfica

Dados Internacionais de Catalogação na Publicação (CIP)
(Câmara Brasileira do Livro, SP, BRASIL)

A Nova gestão na era do conhecimento : a visão de 16 mentes influentes do mercado / coordenação Marcello Beltrand. -- 1. ed. -- São Paulo : Editora Leader, 2016.

Vários autores.
Bibliografia.
ISBN 978-85-66248-43-2

1. Administração de empresas 2. Organizações - Administração I. Beltrand, Marcello.

16-02096 CDD-658

Índices para catálogo sistemático: 1. Administração de empresas 658

EDITORA LEADER
Rua Nuto Santana, 65, 2º andar, sala 3
Cep: 02970-000, Jardim São José, São Paulo - SP
(11) 3991-6136 / andreiaroma@editoraleader.com.br

"Escrevo sem pensar, tudo o que meu inconsciente grita. Penso depois: não só para corrigir, mas para justificar o que escrevi."
Mário de Andrade

O que falar para profissionais que escreveram suas impressões sobre o mundo que nos cerca, retratando pessoas, logística, inovação, liderança, conhecimento, entre outros tantos temas?

O que falar do Marcello Beltrand, nosso coordenador, que diligentemente leu e aglutinou a todos em uma única imagem, gerando a necessária cadência que permite uma leitura sem perdas?

Agradecer uns aos outros é o que fazemos neste momento, houve dedicação, primor, agilidade e muita parceria.

Obrigado a todos!

Edgard Falcão
Jerônimo Lima
Newton Dri

Índice

Apresentação da Enfoque Palestrante 8
Apresentação do livro 10
Prefácio 14

1. Gestão & Cenários **19**
As lições do senhor do tempo e o planejamento de cenários
Jerônimo Lima 20
Como mudamos o Brasil? Uma visão histórica escrita no ano 2049
Alexandre Garcia 28

2. Gestão & Compliance **35**
É preciso pensar em compliance - Alessandra Busato 36

3. Gestão & Comunicação Interna **43**
O endomarketing morreu. Viva o diálogo relevante!
Marcello Beltrand 44

4. Gestão & Confiança **51**
Confiança sob ataque - Marcello Beltrand 52

5. Gestão & Conhecimento **59**
Como montar uma biblioteca de livros de negócios
Jerônimo Lima 60

6. Gestão & Cultura **67**
A gestão multicultural - o desafio da diversidade oculta
José Ruy Gandra 68

7. Gestão & Finanças **75**
Vivendo a realidade financeira em casa e no trabalho
Everton Lopes 76

8. GESTÃO & GOVERNANÇA **83**
Atitude e o binômio gestão e governança corporativa
Geovana Donella 84
Organizações que escutam - Rosélia Araújo Vianna 90
O que um juiz pode ensinar a um CEO - William Douglas..................... 96

9. GESTÃO & INOVAÇÃO **103**
Inovação – o negócio do negócio - João Batista Ferreira 104
Inovação, a evolução das pontes - Patricia Falcão 112

10. GESTÃO & LIDERANÇA **121**
Liderança, uma luz que vem do passado - Edgard Falcão................... 122
Preparando líderes - Edison Rios.. 128
Motivação de equipes, desafio da liderança - Newton Dri 134
Liderança servidora, amor ao próximo e a vida corporativa
William Douglas... 140

11. GESTÃO & MUDANÇA..**147**
Mitos & mudanças - Edgard Falcão... 148

12. GESTÃO & PESSOAS **155**
O papel das pessoas nas organizações - Rogério Campos Meira......... 156

13. GESTÃO & RESULTADOS **163**
A cultura da alta performance na gestão - Newton Dri......................... 164

14. GESTÃO & VENDAS..**171**
Como acelerar o desempenho da força de vendas e vender mais
Fabiano Brum... 172

Apresentação dos autores 178
Referências bibliográficas 188

Edgard Falcão
falcao@enfoquepalestrantes.com.br

Jerônimo Lima
jeronimo@enfoquepalestrantes.com.br

Newton Dri
dri@enfoquepalestrantes.com.br

Diretores da Enfoque Palestrantes

Nós somos a Enfoque Palestrantes

Somos uma empresa que tem por missão "transmitir e desenvolver conhecimento às pessoas e organizações, principalmente por meio de palestras e workshops, valendo-nos, para tanto, de todas as formas de difusão disponíveis".

Nossos palestrantes – consultores, escritores e professores acadêmicos - produzem e divulgam reflexões relevantes que são publicadas no site www.enfoquepalestrantes.com.br, em nossa fanpage no Facebook (www.facebook.com/EnfoquePalestrantes) e também em jornais, revistas, sites e blogs. Nossa empresa tem sedes em Porto Alegre e São Paulo e nos concentramos em três atividades principais.

A primeira é a oferta de palestras sob medida para clientes corporativos, como um fator de enriquecimento de seus eventos - congressos, feiras, convenções e lançamentos, entre outros.

A segunda, a que chamamos Diálogos, é a construção de diagnósticos e o desenvolvimento de conteúdos e ferramentas destinadas a suprir demandas específicas e de particular relevância para as empresas-clientes. Esse trabalho versa sobre estratégias, propostas inovadoras de valor, fatores críticos de sucesso do negócio ou uma tomada de decisão compartilhada.

A terceira é a realização de eventos como workshops, congressos ou ainda encontros, abertos ou in company, onde se debatem temas específicos visando a formação e também atualização de profissionais, com a participação direta de nossos palestrantes.

Num mundo em que o conhecimento está na raiz das mudanças, a Enfoque se propõe a ser uma fonte de referência em gestão de conteúdos organizacionais, tendo por base o trabalho de uma equipe altamente qualificada de palestrantes e facilitadores que cobrem um vasto e diversificado espectro de temas relacionados à gestão empresarial.

O lançamento de A Nova Gestão traduz em páginas essa missão. É a consolidação de um projeto que surgiu junto com a criação da empresa, em novembro de 2013, e que, com a contribuição dos seus fundadores e palestrantes, se materializa.

Com este livro a Enfoque Palestrantes se posiciona afirmativamente como uma empresa que transforma conhecimento em valor voltado ao desenvolvimento pessoal, profissional e organizacional.

A Nova Gestão

Esta é uma obra plural, escrita por mãos e mentes de profissionais que atuam em diversos contextos organizacionais e regiões do Brasil e que têm múltiplos olhares debruçados sobre o mesmo objeto: a organização e a gestão.

Somos autores com variadas atividades profissionais – consultores, palestrantes, executivos, professores - e distintas origens culturais, acadêmicas e técnicas. Em comum nos une a circunstância de que temos dedicado tempo e energia a pensar a organização neste início de século XXI.

No livro "Riqueza Revolucionária", o escritor Alvin Toffler defende que, dentre todas as instituições, a que se move mais rapidamente está relacionada ao mundo dos negócios e ao ambiente corporativo, de onde brotam algumas das principais transformações vividas pela civilização nos dois últimos séculos.

É para esse ente que os coautores de A Nova Gestão apontaram suas antenas cognitivas - de todos os tamanhos e formatos. Cremos que a sociedade se abastece, alimenta, enriquece – ou empobrece - a partir da qualidade, produtividade e inovação de suas organizações. Logo, a conexão das organizações com a vida econômica, social, política, cultural e tecnológica é irretorquível e profunda.

Os temas escolhidos para refletir sobre o diversificado ecossistema social e econômico que são as organizações contemplam gestão, pessoas, liderança, governança, confiança, finanças, compliance, cenários, comunicação, mudança e gestão do conhecimento. A partir desses temas específicos procuramos decifrar desafios, apontar tendências, identificar complexidades e traduzir interrogações que esse espaço institucional apresenta para os indivíduos e as empresas contemporâneas. Nunca é demais lembrar que o trabalho é um dos principais constituintes da identidade ser humano. Numa palavra, trabalho é ato que funda a organização.

Ao batizar o livro com a título A Nova Gestão não pretendemos inaugurar algo que, sabemos, teve início mas não tem fim. A organização e sua gestão são elementos vivos e em contínua transformação. A gestão é sempre nova, porque feita pelo homem que também se faz novo o tempo todo.

Compartilhamos com o leitor diversas visões de quem tem testemunhado in loco como a organização, especialmente no caso brasileiro, tem se movido em tempos de profundas mudanças e inesperadas transformações.

Desejo ainda agradecer o auxílio criterioso que tive de Jerônimo Lima na revisão dos textos que compõem a obra.

Por fim, cabe comentar que A Nova Gestão é como se fosse um caleidoscópio, aparelho óptico formado por um pequeno tubo de cartão ou metal, com pequeninos fragmentos de vidro colorido. Quando tocado pelo reflexo da luz exterior, que pousa em pequenos espelhos inclinados, o equipamento mostra variadas combinações. Esse é o propósito da obra: iluminar o todo pela parte, a organização pela gestão.

Boa leitura!

Marcello Beltrand
Coordenador

PREFÁCIO

A disseminação de conhecimento e de ideias através de educação formal, livros, palestras – a que tenho me dedicado mais nos últimos anos – transforma vidas, pessoas e países. Por isso, uma obra como esta é importante.

Ao começar a escrever este prefácio sobre o papel da gestão, de pessoas e organizações em um mundo cada vez mais instável, lembrei-me de um gráfico que uso em algumas palestras. Analisando dados desde a época de Cristo, conclui-se que do ano zero ao ano 1550 a noção de desenvolvimento como conhecemos nos dias de hoje simplesmente não existia. Em todo este período da humanidade, nem a renda per capita ou mesmo o tamanho da população global praticamente não cresceram. Nos 300 anos seguintes, o planeta passou por momentos muito ricos culturalmente como o Renascimento e o Iluminismo, mas o aumento da renda per capita e do número de pessoas no mundo não acompanhou a força intelectual desses períodos. O crescimento de ambos foi bastante limitado. Entre 1850 e o ano 2000, em função da Revolução Industrial e avanços importantes da Medicina, a renda per capita triplicou e a população também. Porém, foi durante os últimos 15 anos e com o aprofundamento da chamada era da informação que o jogo ganhou outra dimensão. Do ano 2000 até os dias de hoje, a renda per capita global quintuplicou e a população global dobrou. Em outras palavras, a renda global foi multiplicada por dez, crescendo mais do que nos 150 anos anteriores e quase tanto quanto nos 2.000 anos anteriores.

Junto com a renda, cresceu a capacidade de consumo. E juntamente com o tamanho da população aumentou o valor de redes e conexões. Uma economia mundial cada vez mais conectada e dinâmica exige que estejamos atentos aos movimentos que muitas vezes à primeira vista parecem sutis em diversas partes do planeta. Da inserção da China na OMC em 2001 e seus impactos positivos sobre os mercados emergentes e negativos nos mercados desenvolvidos, aos impactos da Era da Informação e do Conhecimento, o mundo está passando por transformações cada vez mais brutais e gerando riqueza como nunca antes na História.

Em outras palavras, enquanto muitos no Brasil parecem acreditar que a crise atual é insolúvel e interminável, o mundo vive e o próprio Brasil vivia até poucos anos atrás seu período de maior abundância e fartura. O que separa o sucesso do fracasso é a qualidade da gestão. Conectar ideias e pessoas certas tornou-se mais importante e valioso do que nunca. Tento fazer isso em minhas palestras, conferências, consultorias e no Manhattan Connection. Melhor compreensão da realidade leva a decisões acertadas e estas a resultados superiores. O momento em que este livro é publicado é desafiador em terras tupiniquins, porém, o fato de que o Brasil vive um momento difícil não significa que ele também tem de ser complicado para você, sua empresa ou organização. O que separa um do outro é a correta percepção da realidade, dos desafios e das oportunidades, as escolhas e ações de cada um. Planeje melhor, execute melhor e os resultados aparecerão. Espero que A Nova Gestão e os textos aqui reunidos possam ajudá-lo nesta jornada.

Ricardo Amorim

1
Gestão & Cenários

As lições do senhor do tempo e o planejamento de cenários

Jerônimo Lima

A NOVA GESTÃO

"Apesar de tudo, à medida que avançamos para a terra desconhecida do amanhã, é melhor ter um mapa geral e incompleto, sujeito a revisões, do que não ter mapa nenhum."
(Alvin Toffler, em "Powershift: as mudanças do poder")

Ao contrário do que se acredita, Cristóvão Colombo, em sua expedição descobridora às Américas, em 1492, não preferia viajar na nau capitânia, a Santa Maria. Isso porque a embarcação, e também a Pinta, usavam velame retangular, típico dos navegadores quinhentistas.

Você se lembra do que aconteceu com a caravela que o governo brasileiro mandou construir para comemorar os 500 anos do descobrimento? Pois é, não navegou. Por quê? Ora, é preciso uma quantidade enorme de pano para as velas. De um tamanho colossal, para darem velocidade ao navio em ventos favoráveis, elas precisam de mastros portentosos e pesados. Imagine então o quão rígida, larga e resistente deveria ser a quilha – a viga que sustenta a estrutura da proa à popa! Esse peso todo tornava os navios daquela época muito lentos. Não é fácil fazer uma caravela...

Por isso, Colombo preferia viajar na Niña, que era menor e tinha velas triangulares, típicas dos navegadores fenícios - os melhores comerciantes da Antiguidade -, o que a tornava muito veloz. Por outro lado, sendo mais rápida, a Niña corria riscos maiores: podia emborcar mais facilmente nas tempestades, ou bater em recifes, ou ainda encalhar em bancos de areia. Então, para segurança da tripulação, a Niña trazia sempre a reboque um grande barco a remos unido a ela por uma amarra muito grossa chamada "toa". Quando havia algum perigo iminente, os marujos desciam para esse barco e remavam até algum local onde ficassem a salvo. Em um dia de forte tempestade, Colombo foi avisado de que a amarra tinha se rompido e que o barco a remo fora perdido. Preocupado com o futuro de sua tripulação, o comandante reuniu seus homens no convés e lhes disse que estavam "sem a toa", cunhando assim a expressão "à toa" para designar uma situação na qual não se sabe para onde se vai, em que está a esmo, à mercê da sorte.

Quando li essa história, pensei imediatamente nas empresas e em como elas conseguem explicar às pessoas a importância de se ter uma "toa" empresarial, isto é, uma filosofia empresarial que norteie os rumos em direção à sustentação e ao crescimento, com segurança. O precursor da tese de que é indispensável ter uma filosofia empresarial definida e disseminada foi Konosuke Matsushita, o fundador do império empresarial japonês que detém no Ocidente marcas como Panasonic e National.

Em 1932, Matsushita definiu a filosofia empresarial de seu conglomerado e estabeleceu um plano estratégico com horizonte de 75 anos, dividido em três estágios de 75 anos. Por causa desse arrojo futurista, o empresário foi apelidado de "o senhor do tempo".

O inter-relacionamento dos fatores empresariais básicos - visão, missão, valores e estratégias -, com ênfase na satisfação das necessidades de todas as partes interessadas, orientado por uma "bússola da modernidade". Para ele, assim se constrói um caminho - o Espaço-Dô - seguro à sobrevivência e à prosperidade. A jornada começa com o plano Kendô (esgrima de espadas japonesas), que significa o esforço de ação para se superar o adversário (ou seja, a concorrência). Para isso, antes de mais nada, precisa-se de uma visão clara de onde se quer chegar no futuro e um detalhamento – o planejamento estratégico – de como se vai chegar até lá. Em seguida, é necessário definir os valores que nortearão o comportamento das pessoas, definindo o ethos empresarial. Esse plano Nippon-Tô (espada japonesa) traduz o somatório e agregação do Bushido – o código de honra dos samurais. O plano Wa (equilíbrio) harmoniza as estratégias empresariais com seu guia de conduta, definindo o foco, isto é, a missão da empresa.

Na prática, portanto, a filosofia empresarial é o texto explicitado da visão de futuro, missão, valores e princípios. Note que a conjugação dos três planos definiu um caminho, o Espaço-Dô. O prisma criado estabelece uma trilha segura rumo ao futuro, garantindo sustentação e crescimento. Matsushita sugeriu que o Espaço-Dô, embora mais delimitado, fosse percorrido com auxílio de uma "bússola da modernidade" - um compromisso com a vanguarda tecnológica e altos níveis de desempenho sustentado, gerando melhoria do bem-estar social e da qualidade de vida. Nos dias de hoje, penso que a "bússola da modernidade empresarial" é representada pelos fundamentos do Modelo de Excelência da Gestão (MEG) da Fundação Nacional da Qualidade (FNQ): pensamento sistêmico, atuação em rede, aprendizado organizacional, inovação, agilidade, liderança transformadora, olhar para o futuro, conhecimento sobre clientes e mercados, responsabilidade social, valorização das pessoas e da cultura, decisões fundamentadas, orientação por processos e geração de valor.

No extraordinário livro "Feitas para durar: práticas bem-sucedidas de empresas visionárias", Jim Collins e Jerry Porras comprovam que Matsushita estava correto. Em sua pesquisa com empresas centenárias de sucesso, eles demonstram que o único fator incomum e comum a todas elas é uma filosofia empresarial consistente, partilhada e vivenciada, que cria uma "comunidade da visão" que concorda em mutuamente se ajudar. Portanto, se você ainda tinha dúvidas sobre a importância de ter uma filosofia empresarial claramente definida e comunicada não vacile. O exemplo de Konosuke Matsushita é uma admirável lição de vida ao evidenciar que ser uma empresa com responsabilidade ética, moral e institucional é perfeitamente compatível com a disputa, a ação, os riscos, ou seja, com tudo aquilo que se espera do desafio empresarial.

Em dezembro, é de praxe que as principais revistas publiquem uma retrospectiva do ano que finda, projetando perspectivas para o próximo ano. Na verdade, com pesquisas bem dirigidas é possível descobrir uma quantidade enorme de informações para elaboração e análise de cenários estratégicos. As questões críticas nesse processo são o que fazer com todas as informações obtidas para delas extrair cenários úteis à tomada de decisões estratégicas e, isso feito, saber até que ponto se pode agir sobre os cenários definidos de modo a preparar nossas organizações para o futuro que eles nos mostram.

Chama-se análise prospectiva a tentativa de identificar diversos futuros possíveis dentro de um horizonte de tempo específico. O objetivo é estabelecer estratégias capazes de alterar, em favor da organização, as probabilidades de que ocorram fatos sobre os quais a empresa tenha algum controle. No caso de acontecimentos futuros escaparem ao controle da empresa, essas estratégias servirão, ao menos, para que se possa enfrentá-los melhor ou até mesmo tirar proveito deles.

É esta necessidade de avaliar as expectativas que se formam para o ambiente externo, em um futuro próximo ou remoto, que leva os administradores à elaboração de cenários. A palavra cenário vem do latim scaenarium, que significa "local da cena". Traduzindo para a linguagem dos negócios, vem a ser o próprio ambiente competitivo no qual uma organização atua em busca de sobrevivência e crescimento. Na abordagem do planejamento estratégico, o cenário é definido como um conjunto de hipóteses quantitativas e qualitativas sobre características, condições e fatores predominantes no ambiente externo que podem afetar as estratégias de uma organização e, assim, condicionar seus planos de ação, operações e resultados.

As organizações de classe mundial, em suas análises de cenários, verificam cuidadosamente aspectos relativos às inovações tecnológicas, necessidades dos clientes, requisitos legais e ambientais, mudanças estratégicas dos concorrentes, anseios da sociedade, ações de política econômica e fiscal, captação de recursos para investimentos, estabelecimento de alianças estratégicas etc. Para a projeção do cenário econômico - normalmente o que tem mais influência nos planos estratégicos - sugiro que você faça uma visita ao site do Instituto de Pesquisa Econômica Aplicada (Ipea) ou da Fundação Getúlio Vargas (FGV). Lá você vai encontrar ótimas pesquisas conduzidas sob o olhar crítico de especialistas. Se você também quiser inovar e utilizar um software para a análise prospectiva, eu recomendo que entre no site da Brainstorming, em www.brainstormingweb.com.br, e veja como funciona o software CenárioWeb.

Na maioria das vezes, não é possível chegar a um consenso sobre um cenário específico único, base para que se possa construir o planejamento estratégico. A causa dessa dificuldade está na diversidade de opiniões a respeito dos temas enfocados, uma decorrência da percepção seletiva dos administradores. Por isso, é comum a utilização do conceito de cenários alternativos, que forçam a análise de situações específicas. Na construção de cenários alternativos, os administradores se obrigam a definir e analisar um cenário otimista e um pessimista em relação a um provável. Dessa forma, podem estabelecer o limite inferior e o superior para os resultados que pretendem alcançar. Se o limite inferior for considerado inadmissível, a empresa está diante de um forte alerta.

Nesse caso, precisa assegurar-se de que aquele cenário pessimista não ocorrerá. Se não for possível evitá-lo, que ao menos tenha clareza sobre as providências que deverá tomar. Essa técnica, chamada de análise de sensibilidade, consiste em verificar, entre situações extremas que são consideradas plausíveis, qual é a sensibilidade que uma decisão estratégica apresenta às variações nas premissas básicas. Normalmente, nesse tipo de análise, é de praxe dar nomes aos diferentes tipos de cenários, explicitando por esse artifício seus méritos e sua consistência. O roteiro mais comumente usado para estabelecer uma abordagem articulada sobre o futuro e seus cenários prevê os seguintes passos, conforme recomendam Elaine Marcial e Raul Grumbach em "Cenários prospectivos: como construir um futuro melhor", e Adam Kahane em "Planejamento de cenários transformadores: trabalhando juntos para mudar o futuro":

1. Identificar as premissas do modelo vigente em relação às variáveis influenciadoras;

2. Identificar as variáveis do modelo vigente, mantendo-se as premissas já levantadas. Este é o cenário otimista;

3. Identificar as variáveis do modelo vigente, derrubando-se as premissas levantadas;

4. Projetar o novo modelo que surgiria se fossem eliminadas as premissas do modelo vigente. Este é o cenário pessimista;

5. Projetar as variáveis do novo modelo. Este é o cenário provável;

6. Rever o grau de possibilidade das variáveis projetadas para o novo modelo, confirmando ou rejeitando o cenário construído;

7. Fazer um Plano A para o cenário provável; um Plano B para o cenário pessimista; um Plano C para o cenário otimista;

8. Criar uma rotina sistemática de releitura dos cenários elaborados de adequação das variáveis à realidade, flexibilizando os planos de ação a cada análise, se necessário.

Para a construção eficaz de cenários é recomendável construir e manter sistemas sensoriais e de inteligência competitiva para monitoramento permanente das influências externas. Outras providências fundamentais são cultivar um senso de urgência para o aproveitamento das oportunidades e identificar, com antecedência, os sinais da chegada de novas mudanças (o que só será possível se houver pesquisa sistemática); prover mecanismos de implementação de novas ideias e abandonar (sem culpa) as obsoletas; evitar a negação das novas ideias que surgem para que seus produtos e serviços não virem commodities que ameacem sua autossustentabilidade; conscientizar-se de que os profissionais de hoje precisam ter capacidade de análise crítica, ainda que isso signifique questionamentos e posicionamentos que os líderes mais conservadores não querem nem sabem enfrentar; valorizar ao máximo a capacitação continuada; cuidar das questões éticas e ecológicas; cultivar relacionamentos para formação de redes de colaboração.

Sempre teremos surpresas pela frente, é claro. Mas, se você agir proativamente na construção dos cenários, mesmo que incertos, vai se sentir mais seguro. Acredite: muitas dessas surpresas podem ser previstas e, portanto, é possível lidar com elas e com o futuro.

Como mudamos o Brasil?
Uma visão histórica escrita no ano 2049

Alexandre Garcia

Somos alguns dos poucos brasileiros vivendo em uma ilha do Pacífico chamada Nova Caledônia. Neste chuvoso inverno de 2049, constantemente somos abordados com questionamentos acerca do nosso país de origem. A curiosidade do povo daqui é sobre o que fizemos, como fizemos, qual foi a mágica que transformou nosso país nessa potência mundial que é hoje. Para aqueles desinformados, hoje o Brasil é detentor do segundo PIB global, é líder em tecnologias emergentes. No recente ranking das dez melhores universidades do mundo, o país tem sete universidades de ponta. E tem a melhor qualidade de vida do mundo terráqueo, apenas perdemos em alguns quesitos comparativamente aos do planeta Pálio, que, como se sabe, é um paraíso.

Enfim, estas linhas são destinadas àqueles que realmente querem entender o que ocorreu. Entretanto, é preciso paciência, pois essa história é um tanto quanto complexa e requer sobrevoar conceitos que talvez causem estranheza ao incipiente nesses assuntos. Farei o possível para ser didático, mas quando isso me faltar, peço aos leitores a gentileza de me perdoar e pesquisar o que são alguns termos não explicados em detalhe neste artigo.

Tudo começou no longínquo ano de 2018, com uma eleição presidencial. Nosso novo presidente trouxe para a pauta de discussões assuntos como: "Sistema Nacional de Inovação", "interação entre universidade e empresa" e um termo até então utilizado apenas nos herméticos ciclos acadêmicos: catching up.

A HORA DE PLANTAR: ANOS 2020 A 2030

Nesse período, nosso país passou a implantar ações inimagináveis para os padrões da década anterior. O que fizemos foi:

a) desvinculamos o desempenho dos professores universitários do exclusivo critério que até então valorizava apenas a publicação de artigos científicos;

b) inserimos um critério na avaliação desses acadêmicos que os incentivou a trabalhar em projetos aplicados nas empresas do mundo econômico produtivo: agronegócio, comércio/serviços e indústria;

c) melhoramos os incentivos fiscais e de alavancagem financeira para as empresas interagirem com as universidades;

d) criamos uma certificação para acadêmicos aptos a trabalhar com as empresas, num trabalho que incluiu o entendimento de que a linguagem e os processos acadêmicos complexos e rebuscados não eram bem vistos pelos empresários e esse era um fator que gerava preconceitos;

e) criamos uma certificação para os empresários aptos a usufruir dos benefícios citados no item c, de forma que eles compreenderam que sua abordagem muito prática, sua visão de curto prazo e seu pouco interesse por ciência e tecnologia geravam preconceitos por parte dos acadêmicos;

f) passamos a direcionar os investimentos públicos e privados para institutos de pesquisa aplicada, locais onde a ciência básica efetivamente passou a ser utilizada como matéria-prima para a geração de novos produtos e serviços;

g) criamos um programa nacional de incentivo aos doutores que tivessem interesse em atuar nas empresas e não apenas nas universidades;

h) criamos uma lei de responsabilidade com o desenvolvimento que obrigava o presidente da República a investir 10% do PIB em Ciência e Tecnologia;

i) expatriamos 150 mil estudantes de pós-graduação das áreas de computação, nanotecnologia, biomassa, bioenergia, biotecnologia, biodiversidade, eletricidade, engenharia, agronegócios, autoindústria, negócios emergentes e relações internacionais para os Estados Unidos da América, Alemanha, Japão, Coreia do Sul, China e Israel;

j) criamos um sistema de alta valorização dos pós-graduandos expatriados para que, no momento em que voltassem para o Brasil, fossem alocados em estruturas nas universidades e nas empresas para que tivessem as condições técnicas de aplicar os conhecimentos adquiridos no Exterior e criamos um plano de carreira no qual o governo garantia e complementava uma renda compatível com os padrões dos países já desenvolvidos para esses "cérebros";

l) descomplicamos e facilitamos a entrada no Brasil de investidores e fundos chamados de "capitais de risco";

m) criamos uma política nacional de conscientização, incentivo e desburocratização das ações ligadas ao patenteamento e proteção do capital intelectual;

n) criamos um sistema de cooperação e interação unindo as esferas nacional, estadual e municipal para que toda essa engrenagem apresentada pudesse ser operacionalizada;

o) como fruto da ação anterior foram criados 20 pólos de inovação tecnológicas em diferentes estados do País;

p) em 2021, entrou em vigor um processo de introdução da língua inglesa no Brasil, passando a ser o Inglês uma das línguas oficiais do país. Começamos a trabalhar com um horizonte de dez anos, de forma que, passado este prazo, o Inglês passaria a ser língua oficial dos negócios e do ensino superior, ficando a língua nativa mais vinculada às relações sociais e à literatura. Essa política foi amplamente criticada e considerada por muitos como compatível com o que ocorreu na África no Sul durante o regime do apartheid, com a introdução do africâner. Entretanto, olhando agora em perspectiva, compreendemos essa ação como crítica, pois se esta reforma não tivesse ocorrido talvez não tivéssemos alcançado os resultados que obtivemos.

Todas as ações citadas foram possíveis a partir da visão pró-tecnologia daquele presidente eleito em 2018, mas também a partir de sua implacável luta contra a corrupção, o que até então era um dos grandes males do Brasil. É importante citar que as ações tomadas para abolir a ação desonesta no País tiveram um reflexo financeiro positivo, o que de certa forma ajudou no financiamento de tudo o que descrevemos até então.

Esses anos 2020 a 2030 foram sofridos, de muito trabalho, com baixíssimo retorno. Algo que lá no Brasil chamamos de "a hora de plantar".

A HORA DE REGAR: ANOS 2030 A 2040

Na década posterior, começamos a viver as mudanças, mas não pensem os leitores que essa fase foi fácil e de colheita de frutos. Não! Foi outro momento, muito difícil e com novos desafios.

O primeiro reflexo foi passarmos a ver cientistas e doutores "no mundo real", discutindo e participando das ações nas empresas, no governo e na sociedade. Para nós, isso foi algo estranho pois até então essas figuras viviam encasteladas nas universidades. Um segundo fenômeno foi o regresso daqueles 150 mil estudantes de pós-graduação que estavam no Exterior. Eles voltaram para o Brasil apropriados do estado da arte do conhecimento científico em suas áreas, com muita vontade de colocar os conhecimentos em prática e conscientes da responsabilidade que tinham pela frente. Cabe salientar que as políticas de valorização desses talentos tiveram papel decisivo para esse retorno. Um terceiro fato, que é justo citar, foi que os empresários passaram a viver um momento inimaginável até então, devido à abundância de conhecimento disponível e acessível para a aplicação real em suas empresas. Um quarto aspecto muito relevante foi que em 2035 o Brasil foi considerado uma nação fluente na língua inglesa pelos principais órgãos de certificação internacionais. Isso possibilitou uma alavancagem da "Marca Brasil" perante investidores e nações ao redor do globo.

Por fim, nesse período o País passou por uma incrível fase de criação de novas empresas que já nasceram ligadas à tecnologia e suas infinitas aplicações. Para nós, que até então éramos simples replicadores tecnológicos, isto é, manufaturávamos o que os países mais desenvolvidos criavam, isso foi algo estimulante. Muitas dessas empresas foram criadas pelos cientistas que voltaram do Exterior e no âmbito daqueles 20 polos de tecnologias criados em diversos pontos do País.

A HORA DE COLHER: 2040 ATÉ HOJE

Após 20 anos de trabalho duro, começamos a ver na prática o que era o catching up, algo tão defendido pelo presidente eleito em 2018. Ou seja, passamos a entender que chegávamos a um emparelhamento tecnológico - começamos a competir de igual para igual com aqueles países para os quais enviamos os estudantes de pós-graduação. De um momento para o outro, passamos a figurar nas revistas de ciências aplicadas e a ter empresas nacionais competindo em mercados estrangeiros. O cidadão comum começou a perceber que muitos produtos nacionais, de marcas brasileiras e produzidos no Brasil, eram superiores aos americanos, alemães, japoneses e coreanos. Lá em 2010, quem sugerisse isso provavelmente não seria levado a sério.

Por fim, nos tornamos uma nação internacionalizada, passamos a conviver diariamente com coreanos, japoneses, americanos, alemães, árabes e uma diversidade de nações e culturas que nos fazia lembrar Londres nos anos 2000.

Ironicamente diversos países do mundo foram estudar o caso brasileiro, enviaram estudantes de pós-graduação para as universidades do nosso País e contrataram brasileiros como consultores para seus respectivos processos de cachting up.

Dessa forma, aqui estamos, com o desafio de ajudar a Nova Caledônia a superar as deficiências tecnológicas e estruturais advindas de séculos de colonização, dominação e controle francês. Isso nos faz lembrar o que passamos no Brasil, primeiro com os portugueses, depois com ingleses e americanos. Que bom que superamos tudo isso e agora podemos aconselhar outras nações.

2
GESTÃO & COMPLIANCE

É PRECISO PENSAR EM COMPLIANCE

ALESSANDRA BUSATO

Nosso País, com inúmeros e assustadores escândalos no cenário político, nos faz discutir todos os dias sobre compliance, mesmo sem perceber. Distante de um conceito rebuscado e sem atrativos, to comply significa agir em consonância com as regras ditadas por instruções internas. Estar em compliance nada mais é do que agir em conformidade com leis e regulamentos externos e internos. O interessante é que a necessidade de compliance surgiu a partir de ocorrências muito significativas no cenário mundial, como o ato terrorista nos EUA, em 2001, e os escândalos financeiros em Wall Street, em 2002, que tormaram indispensáveis regulamentações mais efetivas e rapidamente aplicáveis em todos os países, a fim de gerir os riscos aos quais todas as instituições estão submetidas.

Como exemplo temos as normas advindas da Foreign Account Tax Compliance Act (FATCA), Dodd-Frank Act, UK Bribery Act e o Foreign Corrupt Practices Act (FCPA) e os protocolos de compliance da Convenção das Nações Unidas contra a Corrupção (UNCAC), da Organização para Cooperação e Desenvolvimento Econômico (OCDE) e da Convenção Interamericana, que aproximaram as comunicações e prestações de contas das empresas em temas relacionados a fraude, corrupção, atos ilícitos e denúncias corporativas perante os órgãos reguladores e fiscalizadores internacionais.

Nossa legislação despertou para o tema somente em 2013, com a edição das Leis nº 12.846 e 12.850, que dispõem sobre a responsabilização administrativa, civil e criminal. É preocupante o fato de que, em recente pesquisa, foi apontado que cerca de 50% das empresas brasileiras se declararam inaptas para cumprir a legislação anticorrupção.

No Brasil, o primeiro impulso para composição de compliance em organizações foi dado pelas instituições financeiras, o que nos permite indagar sobre a razão para este primeiro posicionamento.

Talvez por sua pouca visibilidade no cenário nacional, algumas companhias, sobretudo aquelas ainda pouco estruturadas, que se resguardam de forma excessiva e passam por um misto de desconfiança e incerteza quando o assunto é compliance, optam por sua não utilização, principalmente por abordarem o assunto como um mecanismo fundamental para implementação, consolidação e aperfeiçoamento da governança corporativa. A ausência de intimidade com o verdadeiro propósito e alcance da ferramenta se traduz em rejeição. Afinal, dificilmente o empresário médio enxergará, em um termo tão vago e ainda pouco compreendido e divulgado no Brasil, a solução provável para os entraves na gestão de sua empresa que tanto impactam e acabam por prejudicar resultados.

Mesmo com muitos avanços, derivados das reações e medidas regulatórias de proteção ao mercado, a evolução das ferramentas de compliance infelizmente não tem ainda como efeito a sensibilização do empresariado brasileiro quanto à imprescindibilidade de mudanças em suas já consolidadas práticas e perfil de gestão.

A maioria das instituições ainda se limita a cumprir suas obrigações legais básicas ou aquelas em que são obrigadas por meio de processos judiciais e administrativos, as quais, por si só, já esgotam seu orçamento.

Neste contexto, a inovação em gestão, por meio dos mecanismos de compliance, raramente se dá de forma preventiva, normalmente ocorrendo em razão de algum evento interno ou externo.

Como contrapartida, até mesmo para se refletir sobre esta tendência, há números que atestam a eficiência da aplicação das práticas de compliance quando inseridas em empresas cercadas por uma complexidade crescente em seus negócios e a consequente urgência em implantar processos e mecanismos capazes de sustentar as diretrizes estratégicas da companhia e garantir sua boa governança.

O fato é que a expansão das organizações, o escopo e a complexidade das suas atividades determinam o enfrentamento de um ambiente regulatório em constante mudança e cada vez mais complicado. Para ilustrar este fato, temos os casos recentes de exposição negativa da imagem de empresas gerados por atos associados a corrupção, assédio moral, condutas antiéticas, fraudes e impactos ambientais. Tudo isso determina que reguladores, investidores e o público em geral estejam atentos às práticas corporativas e ao pronto cumprimento das normas pertinentes.

Esta dinâmica, dentro da atividade empresarial, busca alinhar todos os setores para que estejam aptos a atender as normas dos órgãos reguladores, bem como os regulamentos internos, principalmente aqueles inerentes ao seu controle - e tudo em consonância com as atividades desenvolvidas pela empresa e o nicho de mercado em que está inserida.

A NOVA GESTÃO

A importância e necessidade da implantação de uma política de compliance está diretamente vinculada à criação de processos com a inclusão das áreas de gestão, mapeando-as em busca de melhorias efetivas e imprescindíveis. Claro que para ordenar todas as variáveis é necessário o conhecimento do negócio, processos e a abrangência destes no contexto interno e externo.

Conforme o estudo da Pricewaterhouse Coopers[1], são estes os exemplos de como compliance agrega valor:

• qualidade e velocidade das interpretações regulatórias e políticas e procedimentos de compliance relacionados;

• aprimoramento do relacionamento com reguladores, incluindo bom retorno das revisões dos supervisores;

• melhora do relacionamento com os acionistas;

• melhora do relacionamento com os clientes;

• decisões de negócio com base em compliance;

• velocidade dos novos produtos em conformidade para o mercado;

• disseminação de elevados padrões éticos e culturais de compliance pela organização;

• acompanhamento das correções e deficiências (não conformidades).

Todavia, a estruturação de compliance por uma empresa vai além de interpretar as leis, normativas e portarias que regem suas atividades. De qualquer forma, o próprio debate sobre compliance nas empresas é uma das melhores maneiras de se avaliar, revisar e concluir sobre as limitações atuais.

O maior problema é que uma falha de compliance pode resultar em autuações, processos judiciais e administrativos, multas financeiras e restrições regulatórias. Eis alguns exemplos das áreas mais frágeis dentro da corporação:

• trabalhista e previdenciária: política de privacidade, de abuso, dano moral, segurança no trabalho;

• comércio exterior: leis nacionais e internacionais de controle de exportações e importações e regulamentos alfandegários;

• antitruste: prática de infrações à ordem econômica e concorrencial;

• ambientais: fiscalização ambiental;

• uso de informação privilegiada;

1. Compliance em Instituições Financeiras, de 10/10/2006.

- tributária: fraudes fiscais;
- crimes de colarinho branco;
- contratos governamentais fraudulentos;
- propina: presentes, favores e entretenimento corruptivos;
- incentivos comerciais: comissões, abatimentos, descontos, créditos e outras concessões associadas às vendas;
- denúncias espontâneas via hotline, help line, ombudsman não tratadas;
- propriedade intelectual para proteção de trade secrets;
- código de posturas, ética e regulamentação interna.

O proveito da introdução da compliance não é só a segurança jurídica que as diretrizes e padrões estabelecidos fornecem. É possível manter também as informações da empresa seguras e o negócio sempre funcionando. Tudo isso dá um recado bem simples e direto ao mercado: a organização adota boas práticas e cuida muito de sua boa reputação.

Este diferencial é sempre muito bem avaliado em processos de certificação, valuation, possíveis e futuras modificações societárias como aquisições e fusões, descontos em linhas de crédito, melhor retorno de investimentos e valorização da organização.

Para a combinação de todos estes elementos é de extrema valia a combinação das competências jurídicas com os controles internos e a análise de riscos. Ademais, não basta elaborar e publicar normativos e procedimentos direcionando as responsabilidades aos gestores de áreas. Os colaboradores têm de entender o que está sendo requisitado e como podem contribuir para melhorar suas atividades e ampliar índices de eficiência, eficácia e confiabilidade como resultado geral do trabalho.

Assim, a aplicação de compliance como um dos pilares da governança corporativa tem assegurado aos empresários um sistema de controle interno que demonstre, de maneira transparente, que a estrutura organizacional adotada e os procedimentos internos estão em conformidade com os regulamentos inerentes às instituições. Tal postura demonstrará comprometimento com o fortalecimento dos negócios em bases éticas, em busca constante da melhoria dos controles, preservando um dos seus maiores ativos que é a boa imagem perante o público, investidores e órgãos reguladores e fiscalizadores.

3

GESTÃO & COMUNICAÇÃO INTERNA

O ENDOMARKETING MORREU. VIVA O DIÁLOGO RELEVANTE!

Marcello Beltrand

O termo endomarketing tomado literalmente expressa o ato de vender algo para alguém que está dentro da organização, no caso os funcionários. Isso pode incluir ideias, projetos, estratégias, inovações ou mudanças. Inicialmente parece algo razoável, já que empresas atuam no mercado, lugar onde se compram e vendem coisas o tempo todo. Mas a razoabilidade acaba aqui. Não é aceitável tratar o funcionário como um consumidor que deve adquirir informações e conhecimentos como alguém que saca das prateleiras organizacionais aquilo que precisa para seu bem-estar funcional.

Na verdade, a palavra essencial para o mundo organizacional contemporâneo não é endomarketing. É engajamento, que siginifica aderir livremente a um projeto e tomá-lo para si autônoma e soberanamente. E, para engajar-se, o sujeito precisa acreditar, circunstância que demanda integração e diálogo entre funcionários e lideranças para que os temas relevantes para ambos transitem livremente no ambiente de trabalho. Porém, essa tarefa nem sempre é fácil e simples como parece. Pesquisas apontam que existe grande insatisfação das equipes com a falta de informação sobre estratégias de médio e longo prazos, critérios de reconhecimento, procedimentos e rotinas. Acredite, as pessoas, em geral, sabem pouco de sua organização!

Excetuando-se as empresas que têm na atividade de comunicação um negócio, para as demais, há que se compreender que comunicação é sempre meio, jamais fim. Ela é o suporte que aproxima e materializa tudo o que se passa no ecossistema organizacional. Comunicação, tal como a conhecemos, é uma competência humana. E não se está falando apenas da plenitude das habilidades ligadas à fala e audição. Cegos, surdos, mudos, todos se comunicam, mesmo que usem plataformas distintas para isso.

No caso da comunicação interna é imprescindível que o planejamento e a implementação jamais percam de vista que o componente mais importante dos processos e fluxos informativos internos é o elemento humano. O indívíduo é o centro do processo. Não há outra função mais relevante para a comunicação interna do que oferecer insumos para engajar as pessoas.

Aqui é importante abrir parênteses para refletir sobre o estágio atual desse sujeito do ponto de vista da vida em sociedade, da cultura e da tecnologia. Provavelmente, em nenhum momento da história o ser humano esteve tão submetido à comunicação. Há uma overdose de estímulos, mensagens e propaganda nas 16 horas diárias em que, em média, uma pessoa está acordada. Milhares de sons e imagens materializados em conteúdos empacotados em textos, subtextos, símbolos e subjetividades. Com a mente atordoada, o espírito inquieto e o coração tomado por inúmeros estímulos, vê-se as organizações preocupadas em encontrar maneiras de apoiar seus funcionários na busca por uma relação saudável com o trabalho.

Bem, então o que fazer? Como compreender o novo papel da comunicação na era do fim do endomarketing e na ascensão dos diálogos profundos?

Tudo começa na liderança, em especial dos gerentes, devidamente apoiados pelo board executivo. Numa hipotética empresa com 800 funcionários, por exemplo, a conta é a seguinte: somando CEO, diretores, gerentes seniores e média gerência teremos, no máximo, três dezenas de líderes. O restante estará distribuído em funções de coordenação, supervisão e operação. Esses poucos gestores são os grandes agentes que movimentam – eficazmente ou não – a empresa. Não se está dizendo que a responsabilidade pela boa comunicação é apenas deles. No entanto, não pode ser negado que, por deterem o poder, é deles que se espera a iniciativa de promover um ambiente interno produtivo e generoso onde possa vicejar o diálogo tão necessário entre as pessoas.

Pesquisa da empresa americana Melcrum, especializada em comunicação interna, aponta que a atitude dos gerentes é seis vezes mais importante para o engajamento dos funcionários do que as ferramentas de comunicação tradicionais, como murais, boletins, TV interna e email. Não significa que essas ferramentas devam ser abandonadas, pois compõem o menu da comunicação interna, mas nem de longe estes artefatos cumprem a função que deve ser assumida pelo gestor, o verdadeiro dinamizador da comunicação organizacional.

As pequenas e grandes revoluções nas empresas ocorrem na interação comunicacional entre gestores e suas equipes, nas conversas individuais ou em grupo, quando pedem e dão feedback, quando o gerente olha nos olhos dos funcionários e exerce a delicada função da escuta, ato essencialmente humano. Esqueça por uns minutos o WhatsApp, o Facebook, o Twitter e o Instagram. Estas engenhocas inteligentes e velozes são responsáveis por um notável incremento de produtividade, bancado pela conectividade frenética. Nesses aplicativos, entretanto, a vida é superficial, o meio rouba a mensagem e a forma consome tudo.

O fato é que as organizações carecem de acuracidade, efetividade, menos retrabalho, mais profundidade, melhores insights e uma rede de afetos que suporte a ação das equipes. Nesse sentido, há duas péssimas notícias: (1) o mundo virtual não responde ao desafio do diálogo relevante; e (2) os gerentes são os únicos que podem liderar a organização no rumo da eficácia coletiva.

Entretanto, os gestores estão assoberdados de tarefas. Precisam usar quase todo o tempo disponível para responder dezenas de emails, ler outros tantos desnecessários, produzir relatórios, participar de reuniões, viajar, visitar feiras e fornecedores, fazer apresentações para clientes, entre tantas outras atividades. Logo, para a tarefa simples, porém "revolucionária", que envolve conversar com seu time, restará um tempo diminuto. Parece que se vive a era do gerente que lidera processos e não pessoas – paradoxo inaceitável para um mundo quase obeso de tecnologia.

Comunicação significativa, como se vê, necesssita de empatia, já que é um exercício lento, que demanda tempo, envolvimento, atenção e cuidado. Se um psicanalista fosse convidado a escrever o próximo parágrafo talvez acrescentasse que gestores também não dedicam tempo a escutar genuinamente suas equipes porque a comunicação profunda pode ensejar a relativização do poder. É possível que o gestor, inconscientemente, tenha medo de que a conversa profunda o torne menos forte e menos "chefe" do que gostaria.

Assim, há um robusto desafio para CEOs e executivos que tomam decisões: focalizar a energia na preparação de gerentes capazes de conversas criativas e contínuas com as equipes. Se isso for feito é bem possível que milagres ocorram na organização. No caso, milagre pode significar aumento da assertividade das ações, incremento da autoestima, maior produtividade e, por que não dizer, ampliação do bem-estar, que não deixa de ser um apelido para a felicidade. A equação a seguir expressa como o fluxo do processo de comunicação relevante ajuda o negócio.

Tempo disponível para diálogos profundos	+	Gestores hábeis na escuta	=	Equipes focadas em resultados	=	Negócio sustentável no longo prazo

Academicamente, compreende-se o processo da comunicação como algo que ocorre entre os principais públicos designados a promover compromisso com a organização, senso de pertencimento e consciência de um ambiente em mudança, bem como o entendimento de suas metas.

Logo, a comunicação interna é crítica para o estabelecimento e compartilhamento de metas, o desenvolvimento do comprometimento, motivação e cooperação entre os membros da organização, assim como para o aprimoramento dos processos decisórios. É ela que viabiliza as conexões entre a organização e o ambiente externo, facilitando a incorporação de perspectivas externas aos processos decisórios e contribuindo para o desenvolvimento do conhecimento.

Comunicação, como já foi dito, é meio. Estudiosos, inclusive, a compreendem como a principal viabilizadora do conhecimento organizacional, chegando mesmo a defender que somente existe comunicação quando há compartilhamento de conhecimento. Portanto, pode-se imaginar que existem muitos fatores importantes numa organização, mas nenhum é mais relevante do que a comunicação, que tudo relaciona, conecta, explica, aponta, orienta e esclarece.

Nesse sentido, a comunicação cumpre a função de alinhar pessoas e estratégias, uma vez que organizações são ambientes complexos e em constante transformação. Organizações não são paredes, equipamentos, mesas, prédios ou veículos - são pessoas interagindo com pessoas. E organizações de sucesso são pessoas interagindo de maneira eficaz. Então cabe indagar: o que é interagir de maneira eficaz numa organização? A resposta é simples: é aquela que está alinhada aos interesses da organização e das pessoas. Chama-se isso de alinhamento estratégico.

A importância de avaliar o alinhamento das pessoas às estratégias envolve aspectos relacionados aos resultados globais da organização. Tudo aquilo que uma organização obtém – de bom ou de ruim - advém exclusivamente da ação das pessoas. Portanto, pessoas alinhadas aos interesses da organização apresentam maior chance de influenciar positivamente os resultados almejados.

Essa tarefa de avaliar o alinhamento das pessoas à estratégia é complexa, pois exige que se estabeleçam critérios e alvos precisos para materializar a avaliação, os quais, invariavelmente, devem focalizar dois grupos vitais para o desempenho da organização: gerentes e equipes.

Na prática, o processo é alimentado por informações que vêm de duas fontes. A primeira busca a percepção que o gestor tem dos membros do seu time. A segunda fonte de informações vem da percepção que os funcionários têm de si mesmos e de seus líderes. Portanto, identificar o que pensam gerentes e colaboradores permite que se estabeleça a simetria – ou assimetria - do nível de alinhamento entre esses agentes.

O processo de avaliação deve observar aspectos como a qualidade do relacionamento dos colaboradores, o nível do conhecimento e informação e da comunicação e o quanto eles estão orientados para resultados.

É por tudo isso que o endormarketing acabou e se iniciou a era dos diálogos internos relevantes. Aproveite as conversas - elas podem mudar sua empresa para sempre e para melhor!

Diversas reflexões contidas nesse artigo originaram-se de diálogos estabelecidos com o colega Victor Márcio Laus Reis Gomes, professor, consultor e doutor em Comunicação Social pela PUCRS.

4
GESTÃO & CONFIANÇA

Confiança sob ataque
Marcello Beltrand

A NOVA GESTÃO

Os escombros do Airbus que o copiloto Andreas Lubitz arremessou contra os alpes franceses, no dia 24 de março de 2015, expuseram mais do que restos humanos, destroços da aeronave e cicatrizes na montanha. Na verdade, também ficou depositada ali a sombra de imenso valor civilizatório: a confiança.

Os passageiros e tripulantes que ingressaram no charuto de aço, que é como alguns no mundo aeronáutico chamam carinhosamente esse tubo que tem asas e voa, o fizeram certos de que seria apenas mais um voo. Em nenhuma das 149 pesssoas que transitaram nos corredores do avião soprou a mais remota brisa de que um indivíduo, técnico altamente especializado, dotado de formação de primeiro nível, testado em milhares de horas de voo, decidiria, a 30 mil pés de altura, que todas aquelas vidas deveriam encontrar seu fim nas pedras geladas das montanhas francesas.

Em geral, confia-se em tudo e todos desde sempre. Não se confia porque se deseja, mas porque se necessita. O bebê crê que o seio de sua mãe verterá o leite tão desejado. As crianças, quando são jogadas para o ar por seus pais, jamais vacilam em relação à possibilidade de que as mãos paternas não as receberão de volta. Acredita-se piamente que quando o semáforo acende a luz verde nenhum outro veículo cruzará inesperadamente o caminho. Ninguém, conscientemente, supõe que a frenagem faltará na curva acentuada nem que caixa de leite tenha algo a mais do que laticínio. E, por fim, quando alguém adentra um elevador, sabe que ele conduzirá seu ocupante em segurança. Essa é a tese. É assim que tudo deve funcionar. Porém, as pessoas não são lineares, infalíveis. Ao contrário, há imprecisão, volatilidade e complexidade no mundo real. Se as pessoas não acreditassem que as coisas estão postas em alguma ordem mínima, a vida comunitária seria inviável, pois perde-se o outro e aquilo que é comum - pecado mortal para as relações sociais, que necessitam de entrega e envolvimento coletivo.

Isso vale também para o mundo organizacional, onde se acredita que as normas, condutas e regras sempre serão cumpridas por todos. O fornecedor entregará o pedido na data estipulada, a equipe de segurança estará no portão no início do turno, o gerente não revelará o teor das conversas que o funcionário teve com ele e o conteúdo dos e-mails não será devassado. Não há organização capaz de sobreviver ao não cumprimento de tais acordos.

Certa vez, numa siderúrgica, um consultor organizacional, antes de iniciar seu trabalho com uma equipe de trainees, percebeu que as pessoas cochichavam bastante na sala. Sem entender, perguntou o que se passava. Um participante revelou que um operário havia morrido naquela semana. Estava posicionado atrás de uma caldeira, local onde jamais poderia estar naquele momento do acidente. Todos estavam muito sensibilizados com o fato. Quem frequenta plantas produtivas sabe o significado de um óbito, a dor coletiva que provoca e uma certa culpa que paira sobre todos por aquela tragédia. O consutor então perguntou por que o operário estava naquele lugar, e não em outro, mais seguro. Houve um longo silêncio na sala, até que alguém sussurrou: "Pois é, a gente não sabe!" O consultor então propôs uma reflexão sobre as causas que poderiam ter levado àquela situação. Ao final do diálogo, tão difícil para todos os participantes, ficou evidenciado que o processo de comunicação havia falhado. Perguntas emergiram: a ordem para o afastamento do funcionário do local fora mesmo dada? Fora ouvida pelo operário? Houve confirmação?

Havia duas possibilidades para a tragédia: alguém acionou a caldeira antes de verificar se tinha um trabalhador próximo ou o operário não entendeu a ordem dada pela empresa para que se afastasse dali. O fato é que houve morte, situação gravíssima em qualquer fábrica.

Como se vê, confiança nunca anda sozinha. Ela sempre carece de um suporte que lhe fortaleça ou a desconstitua. O ser humano, como se viu no início do artigo, confia sempre. Mas esse ato necesssita de complemento: avaliação do ambiente e identificação de sinais externos, elementos que sempre são subjetivos. Um exemplo, é aquele adesivo colocado em todas as portas dos elevadores. Ele diz o óbvio ululante: "Antes de ingressar no elevador, confirme se ele está mesmo no seu andar!" Ora, quase sempre as pessoas instintivamente dão um passo à frente quando as portas do elevador se abrem. Se o aviso está ali fixado é porque muitas vezes a porta se abriu, as pessoas deram um passo e.... caíram no poço dos elevadores. Ou seja, o elevador não estava ali.

Confiança apresenta várias dimensões: confia-se em si próprio, no grupo, nas empresas e instituições. Curiosamente, as pessoas imaginam que é mais fácil verificar a confiança nas relações imediatas e próximas. O namorado é confiável? Confia-se no professor e nas suas orientações? O produto na prateleira do supermercado inspira confiança e, consequentemente, a atitude de compra? Supõe-se – nem sempre assertivamente - que se sabe quando alguém é confiável. Por isso a imensa frustração quando o elo de confiança é rompido. Muito longe de ser um fenômeno simples, a confiança é múltipla e líquida em suas formas.

No ambiente institucional, os economistas apreciam quantificar a confiança nos mercados, já que se trata de elemento importante na estabilidade da moeda na percepção dos consumidores. Já os psicólogos investigam a confiança em relação aos atributos pessoais dos indivíduos. As pessoas instintivamente confiam, esse é o fato. Por outro ângulo, os sociólogos a compreendem como uma propriedade das relações sociais e comunitárias. Advogados geralmente usam uma expressão quando escrevem os contratos sociais que fundam as empresas de seus clientes: afeto societário. Ou seja, o contrato social é, definitivamente, uma relação de confiança entre dois ou mais agentes econômicos.

O pesquisador Senthil Muthusamy estudou alianças estatégicas e percebeu que a confiança entre empresas requer alguns fatores. Primeiro é necessário ter competência (conhecimento e habilidade), depois benevolência (o outro não será oportunista) e, por fim, há que se ter integridade entre as partes (o outro adere ao acordo e o cumpre).

A propósito, o tema das redes organizacionais, assunto caro e investigado frequentemente no mundo acadêmico, indica que a confiança diminui os chamados custos de transação entre empresas. O raciocínio é simples: quando há confiança, exige-se menos esforço de auditoria, processos e pessoas verificando se aquilo que foi combinado entre dois ou mais entes foi efetivamente realizado. Gasta-se menos, portanto. A presença da confiança possibilita eliminar esses procedimentos – verdadeiros atravessadores que agregam vigilância, desconfiança e custos.

Curiosamente, no Brasil, faltam engenheiros, que, como se sabe, melhoram a produtividade das empresas, permitem a inovação e geram riqueza tão vital para sustentar e desenvolver os negócios e os mercados. O paradoxo brasileiro escancara uma verdade: existem poucos engenheiros onde sobram advogados, que, como também se sabe, atuam em conflitos oriundos, quase sempre, da quebra de confiança. Logo, a sociedade gasta tempo, recursos e inteligência com desconfiança - e Justiça - e menos, bem menos, com a engenharia que alimenta, cura, transporta, emprega e edifica.

Por fim, um comentário sobre a multiplicidade de operações rotineiras que tornam os indivíduos dependentes da tecnologia. Esta se tornou a grande avalista global da confiança, fato altamente perturbador. Hoje, acredita-se em tudo o que a tecnologia informa: o terminal bancário, o portão eletrônico, o aplicativo de trânsito, as compras por e-commerce. O homem é um ser tecnológico.

Enquanto sobrevoavam os alpes franceses, os passageiros sequer se perguntavam se confiavam na companhia Germanwings, na tripulação a bordo, no gerenciamento do tráfego aéreo e se havia combustível nos tanques. Isso jamais passaria por suas mentes que não estivesse sob controle. A propósito, a indústria aeronáutica está catagolada pelos pesquisadores organizacionais como pertencente ao grupo de organizações de alta confiabilidade. Não é possível ingressar numa aeronave sem confiar. Afinal, aviões não chocam ovos e não têm penas.

5
GESTÃO & CONHECIMENTO

Como montar uma biblioteca de livros de negócios

Jerônimo Lima

Vivemos numa sociedade saturada de informações, na qual o poder está nas mãos de quem as detém. Fortunas são erguidas ou perdidas, carreiras galgadas ou arruinadas, a saúde é melhorada ou prejudicada por um único fator: o conhecimento. Por causa disso, não é exagero dizer que, hoje, quem tem conhecimento tem poder.

Associado à equação conhecimento = poder, há um aumento dramático da doença moderna conhecida como "ansiedade de informação", que se caracteriza por uma tendência obsessivo-compulsiva para ler tudo sobre todos os assuntos.

É fácil entender a síndrome. Quando a quantidade de leitura consumida é superior à quantidade de energia disponível para sua digestão, o excesso se acumula e se converte em estresse e overdose de estímulo até o estado doentio. As formas mais comuns de manifestação da síndrome são a frustração gerada pelo volume não processado, a decepção com a qualidade do conteúdo das leituras, a sensação de saber pouco e tarde demais. Fique atento aos sinais de alerta da doença: demora em se desligar das atividades, mesmo quando está fora delas, queda da produção no trabalho e nos estudos, distúrbios de sono e alimentação, agitação fora do comum, irritabilidade, fadiga momentânea, dores musculares e lapsos de memória.

Há alguns anos comecei a refletir se devia me vangloriar ou criticar por ler quase um livro por semana, há mais de 30 anos. Concluí que todos nós, generalistas itinerantes, intelectuais curiosos, maníacos por leitura e estudantes de mestrado e doutorado, não precisamos digerir essa avalanche literária que nos é imposta. E passei a escolher mais criteriosamente o que ler pela relevância do conteúdo para minha vida e trabalho, praticidade e consistência. Menos leitura com mais qualidade é melhor para adquirir conhecimento. Para entender o que estou dizendo, recomendo a leitura dos livros "Ansiedade da informação", de Richard Saul Würman, e "A dieta da informação: uma defesa do consumo consciente", de Clay A. Johnson, e o extraordinário artigo de Rubem Alves "O prazer de ler: sobre leitura e burrice", que está no livro "Entre a ciência e a sapiência: o dilema da educação".

Para não adoecer, comece fazendo um plano de leitura com grupos de assuntos específicos, que servirá para o resto de sua vida. Uma vez adaptado a ele e certo de seu controle, você poderá modificá-lo para incluir ou excluir alguma fonte, quando necessário.

Vá ao site da livraria Amazon e verifique a resenha e os comentários dos leitores para economizar na compra de livros quando tiver de procurar algo que não tenha em sua biblioteca. E, caso precise encontrar um livro esgotado, procure no website da Estante Virtual.

Em seu plano de leitura, coloque os jornais no Grupo I. Leia apenas um por dia, de preferência pela manhã, antes de sair para o trabalho. Se preferir, faça isso pela internet, pois praticamente todos os jornais dispõem de versões eletrônicas, como você pode encontrar no website thepaperboy.com. Escolha um jornal que tenha uma cobertura mundial e que traga cadernos sobre temas variados como política, economia, esportes, eventos culturais e um pouco de ciência para leigos. Eu prefiro a Folha de São Paulo On-line. E, por falar em internet, o website Informa Brasil é um ótimo exemplo da união entre serviço e tecnologia. Nele é possível ler as principais notícias de mais de 500 jornais e revistas em um único informativo, totalmente personalizável com sua prioridade. Ainda recomendo usar no seu tablet ou smartphone o app Zite, que a qualquer momento monta uma revista virtual com os assuntos de seu interesse.

No Grupo II coloque as revistas de negócios. Selecione duas que tenham periodicidade mensal ou bimestral e que tragam notícias relevantes para seu trabalho. Minhas preferidas são a HSM Management e a Época Negócios. Se você lê em Inglês, recomendo também a Business Week. Minha predileção por estas revistas se deve à qualidade com que interpretam os fatos e à capacidade de identificar tendências em gestão, economia e negócios.

No Grupo III inclua revistas de cultura geral e divulgação científica que tragam críticas e resenhas sobre livros, filmes, artes e ciências. Sugiro a qualidade incontestável da Scientific American Brasil.

Por fim, o Grupo IV, dos livros de referência. Como preparação para a leitura, você deve ter um ótimo dicionário em casa. Uso o Houaiss em CD-ROM. É bem mais completo que os demais, com a facilidade de que é possível acessá-lo enquanto se está no computador e também traz a etimologia das palavras, o que considero muito útil.

Leia um livro por mês, alternando um de sua área de atuação com outro que não seja, dando preferência aos clássicos ou aos mais indicados pelos websites das livrarias Cultura e Amazon. No website da Amazon existe uma ferramenta de pesquisa que permite buscas diretamente no conteúdo dos livros: o a9.com.

Agora, o mais importante de tudo: seu plano de leitura tem de ter alguma ação específica capaz de transformar esse conhecimento todo em capital intelectual. Isso só vai acontecer se você, diligentemente, fizer uma profunda reflexão do que leu e colocar o conhecimento em prática.

Especificamente sobre livros de negócios, ocorre uma proliferação na área de administração, provocada pelo deslumbramento de empresários e executivos sobre o tema. Nas livrarias, há um número jamais visto de livros de negócios, sendo que muitos deles se tornam best-sellers. Evidentemente, os profissionais interessados estão buscando respostas na literatura para melhorar o seu desempenho.

Segundo pesquisa da American Society for Training and Development (ASTD), nos EUA, 5 mil novos títulos desta área chegam ao mercado todo ano, movimentando mais de US$ 1,5 bilhão, sem contabilizar gastos com cursos, vídeos de treinamento, seminários, audiobooks e projetos de consultoria. Em relação a isso, sugiro a leitura dos livros "A estante do administrador: uma coletânea de leituras obrigatórias", de Jon L. Pierce e John W. Newstrom, e "Os 100 melhores livros de negócios de todos os tempos: o que dizem, por que são importantes e como podem ajudar você", de Todd Sattersten e Jack Covert.

Existem três razões para este fenômeno editorial. A primeira: empresários e executivos são extremamente receptivos aos livros de negócios, especialmente os que apregoam receitas práticas de sucesso. A segunda razão aponta para a disputa ferrenha de consultores por visibilidade, o que os leva a escrever livros para mostrar ao mercado suas filosofias e métodos de trabalho. O terceiro motivo indica que os best-sellers transmitem mensagens positivas ao mercado ávido por fórmulas fáceis para a solução dos problemas empresariais. Para separar o joio do trigo sugiro a leitura dos livros "Derrubando mitos: como evitar os nove equívocos básicos do mundo dos negócios", de Phil Rosenzweig, e "Desmascarando a administração: as verdades e as mentiras que os gurus contam e as consequências para o seu negócio", de Matthew Stewart.

Ao pesquisar sobre best-sellers e websites, em meio à enorme quantidade de publicações nesta área, me deparei com questões críticas que penso serem fonte de preocupação de todos os gestores: quais são, de fato, as obras de referência que indicam o estado da arte da gestão empresarial, atualmente?

Penso que uma boa biblioteca de administração deve iniciar-se a partir da perspectiva de temas mais abrangentes como globalização, governança corporativa, marketing, inovação, modelos de gestão, estratégia e liderança. Ler os clássicos destas áreas permite sintetizar os teores de seus expoentes, como recomenda Chris Argyris, no seu excelente livro "Maus conselhos: uma armadilha gerencial". Desse modo pode-se discutir e argumentar com seletividade sobre a melhor teoria para as empresas. Além disso, é um bom método para nos manter informados sobre os méritos e as deficiências de cada proposta, evitando a armadilha dos modismos.

Atualmente, dois tipos de mensagens são relevantes para a aprendizagem em administração. De um lado estão os acadêmicos organizacionais que oferecem teorias valiosas e observações empíricas rigorosas de empresas em ação. Nesta linha, aprecio, principalmente, os livros de Jim Collins, e recomendo seus clássicos "Feitas para durar: práticas bem-sucedidas de empresas visionárias" e "Empresas feitas para vencer: por que apenas algumas empresas brilham". De outro, os consultores e administradores profissionais que trazem perspectivas de suas vidas na prática de consultoria nas empresas e, portanto, são essencialmente pragmáticos. Aqui recomendo os livros "Gerenciamento da rotina do trabalho do dia a dia", de Vicente Falconi, e o livro que inspirou toda a minha carreira como executivo e consultor: "Qualidade é investimento", de Philip Crosby.

Quando vou às livrarias e converso com leitores de livros de negócios noto que, em sua busca por "receitas de bolo", muitos deles adotam uma série de conceitos que foi amplamente anunciada, frequentemente implementada e algumas vezes abandonada ou substituída pela próxima técnica de gestão emergente. Como consequência desta tendência de abraçar ideias e logo após descartá-las, muitas destas práticas gerenciais viáveis ganham uma imagem embaçada. Esta demanda por ban-aids gera um próspero mercado para novas ideias, renascidas ou revitalizadas. Os autores incentivam a ler e refletir seriamente sobre a probabilidade de encontrar um remédio paliativo, pois a maioria dos problemas empresariais não pode ser resolvida com uma abordagem única.

Por isso sugiro que sejam considerados alguns critérios para a seleção do que deve formar uma biblioteca de negócios. Avalie as credenciais dos autores a partir de suas experiências relevantes, da visão ou perspectiva singular que apresentam e das práticas de pesquisa científicas que foram utilizadas para obter os resultados apresentados nos livros. Qual é o nível de integração de saberes com todo o conhecimento de gestão já produzido? Os autores demonstram domínio do conhecimento existente e fazem uso dele? Os livros apresentam exemplos pertinentes e práticos que revelam que suas ideias podem ser aplicadas? Os autores fornecem provas substantivas de que suas ideias produzem, de fato, um resultado válido? Até que ponto as conclusões dos autores convergem com outras fontes de informação e métodos de pesquisa, dando confiabilidade ao conteúdo dos livros? As obras têm uma abordagem realmente nova, criativa e diferenciada? As ideias da publicação têm aplicação prática em sua empresa ou são limitadas a um contexto em que só os autores operam? Os conceitos são adaptáveis e há sugestões de aplicações? Adotar estes cuidados na hora das decisões de compra de livros de administração torna o raciocínio mais crítico e o consumo mais cauteloso. Esse é o ponto de partida para formar uma relevante biblioteca de negócios.

Por fim: reflexão vem do latim reflexionis, que significa refletir, no sentido de "concentração do espírito sobre si próprio". Isto significa que, pela reflexão, suas ideias e sentimentos consideram as observações que resultam de intensa cogitação, traduzindo-se assim numa virtude que evita a precipitação nos juízos, a imprudência e a impulsividade na conduta, fazendo de quem reflete uma pessoa menos paradigmática e, por consequência, mais aberta.

Lembre-se de andar sempre com um bloco de anotações e uma caneta ou use seu tablet e smartphone para registrar os insights provenientes de suas leituras e reflexões. Se você agir dessa forma, vai conseguir criar projetos de melhoria de seus processos, produtos e serviços, gerando assim capital intelectual.

6
Gestão & Cultura

A GESTÃO MULTICULTURAL -
O DESAFIO DA DIVERSIDADE OCULTA

José Ruy Gandra

A NOVA GESTÃO

Os últimos 70 anos de nossa história nacional tiveram por pano de fundo um fenômeno tão intenso quanto irreversível – a americanização do Brasil. Tal transformação, desencadeada ao final da 2ª Guerra Mundial e paralela ao advento da geração baby boomer, redesenharia, nas décadas seguintes, a sociedade brasileira em todas as suas frentes. De suas dimensões mais complexas, como a institucional, econômica, política ou científica, a inúmeros aspectos de nossas vidas individuais. O consumo. A educação. A saúde. A alimentação. O lazer. E, principalmente, as relações interpessoais. Em suma: nosso estilo de vida. Gradualmente, fomos abandonando nossa herança latina, em especial a ibérica, com seus valores e crenças singulares, para, numa sucessão incessante de mudanças, passar a adotar novos padrões oriundos da experiência histórica anglo-saxônica. Pouco a pouco, fomos nos americanizando.

Tais mudanças trouxeram uma vitalidade renovada ao Brasil, especialmente no território das organizações. O País urbanizou-se, industrializou-se, desenvolveu-se... Essas mudanças trouxeram, também, no entanto, uma sobreposição de mentalidades que há muito haviam se distanciado. Um divórcio de séculos, desde que, sob a égide do luteranismo, países como Inglaterra e Holanda se industrializaram, liberando um enorme horizonte para a livre ação de seus agentes econômicos, enquanto as sociedades latinas permaneceram sob o manto da Igreja Católica, atadas a dogmas retentores da energia individual, como a submissão ao divino e a aversão ao lucro (usura). Esse encontro de matrizes culturais no Brasil vem há décadas ocasionando atritos nem sempre perceptíveis. São desconfortos não racionalizados. Estranhamentos que, na maioria das vezes, permanecem inertes no plano inconsciente. Culturas levam gerações para se amalgamarem – ou para que uma sobrepuje a outra e se torne plenamente hegemônica.

Mas ainda não chegamos lá. No plano corporativo, há apenas duas ou três gerações convivemos (de modo um tanto precário) com essa dualidade. Somos latinos inseridos num novo modelo organizacional – o anglo-saxão. Vivemos, numa aparente normalidade, sob os impactos silenciosos de uma diversidade oculta. É preciso que a nova gestão traga esse descompasso à superfície e elimine seus focos de tensão e desconforto. Só temos a ganhar ao iluminar essa confluência. Tanto na esfera pessoal quanto, principalmente, na das empresas. Essa metamorfose nacional, fruto da hegemonia americana sobre o chamado Ocidente, comporta duas singularidades. A primeira é a de que ela se deu, ao longo das quatro primeiras décadas e meia (1945/1990), de forma mais gradual e sutil. Foram os anos mais brandos, do chamado softpower, um parto nacional quase indolor. O mundo se americanizava com certo vagar, quase sem se dar conta desse fato. Na maioria dos casos, esse processo era encarado com relativa naturalidade. Porém, com o colapso sócio-econômico da União Soviética e de seus países-satélites de economia estatizada, na última década do século XX, essa difusão do american way of life adquiriu um novo impulso, dessa feita vertiginoso. Esse avanço teve por marco o advento da chamada Era Digital, um salto tecnológico sem precedentes na trajetória e no conhecimento humanos. Através dela, a americanização alcançou todos os quadrantes do mundo. Dotada dessa nova fronteira tecnológica, inédita em seu alcance e volatilidade, a globalização foi, digamos, a americanização levada a uma escala efetivamente planetária.

A segunda singularidade é que, embora tenha transformado indistintamente hábitos individuais e instituições, no caso brasileiro (bem como no de várias outras nações), o impacto da americanização incidiu de modo bem mais intenso e complexo sobre duas instituições fundamentais – a família e as empresas. Ambas são os temas principais deste estudo. A família, célula-chave das sociedades de DNA latino, vem passando por seguidas mutações ao longo de todo o pós-guerra. Como todas as demais mudanças em nosso tecido social, tais transformações começaram sutis para, no final do século XX, assumir um perfil até então absolutamente inédito em nossa História.

Até meados dos anos 1970, por força de nossa herança ibérica e de tradições legadas pela imigração europeia (em especial, a italiana) no início do século XX, a família brasileira seguia um modelo ainda bastante próximo à estrutura dos clãs. Suas marcas eram a composição extensa, com grande número de filhos, e a enorme importância conferida à consanguinidade como mediadora das relações interpessoais. Nesse modelo, em que se sobressai a figura do patriarca, tios são segundos pais. Primos eram praticamente irmãos. Sobrinhos, uma espécie de filhos. Além disso, tal padrão se desdobrava socialmente através das relações de compadrio, em que personagens externos às famílias terminavam se ligando a elas através do batizado de recém-nascidos, numa espécie de consanguinidade socialmente induzida.

Tendo como um de seus grandes atributos o individualismo, a mentalidade anglo-saxônica pulverizou, no curto espaço de duas gerações, o modelo extenso predominante, substituindo-o pela estrutura nuclear, limitado às figuras de pais e filhos. Numa metáfora pertinente, foi como se uma grande mesa de almoço ao ar livre, montada com a junção de várias mesas menores, uma visão tão cara aos latinos, tivesse se desmembrado em várias mesinhas espalhadas por diferentes pontos da cidade ou do país. O clã, numa palavra, ruiu. Dispersou-se.

O fim da família extensa, contudo, não significa a pronta adoção do estilo de vida americano em sua totalidade e sem resistências. Isso porque, embora muitos hábitos de origem anglo-saxônica tenham efetivamente sido adotados, muitas vezes de forma efusiva, um consistente conjunto de valores se manteve inalterado em nossa mentalidade latina. Destaco dois deles. O primeiro é o paternalismo, um atributo secular da latinidade, que perdeu terreno no mercado e nas organizações, mas não nas personalidades individuais e tampouco no inconsciente coletivo brasileiro.

Nos primórdios da industrialização brasileira, na primeira metade do século XX, os patrões eram uma espécie de pai para seus empregados. Na melhor tradição latina, se um empresário montava uma indústria têxtil, por exemplo, ele tratava de construir habitações para seus funcionários, as tais vilas operárias, além de outras liberalidades, como armazéns e mercados a preços subsidiados e assistência médica gratuita. Era uma relação extremamente paternal que, de certa forma, reproduzia aquelas estabelecidas pela oligarquia rural, que mantinha vilas habitacionais em suas fazendas cafeeiras. O brasileiro habituou-se a ver no patrão (e na empresa) uma espécie de segundo pai. O mesmo se aplica à sua relação com o Estado, o que explica, em boa parte, a o sucesso persistente dos movimentos populistas entre nós. Getúlio era conhecido como o "pai dos pobres". Lula, embora num contexto já bastante diverso, exibe esse mesmo caráter. Tal faceta, reforçada pelos dogmas católicos, explica, em boa parte, a baixa vocação empreendedora dos brasileiros.

O paternalismo tem um segundo desdobramento nocivo – a dificuldade do brasileiro (até mesmo certa aversão) em lidar com a meritocracia. No início, essa resistência diluiu-se no ambiente acolhedor das empresas familiares (o principal modelo organizacional brasileiro), igualmente guiadas por um modelo paternalista. Mas perdeu totalmente o sentido com o advento da revolução digital e da globalização. Numa sociedade em que o conhecimento tornou-se o principal ativo das organizações, e em que a eficiência é cada vez mais valorizada, o paternalismo tornou-se um entrave ao desenvolvimento pleno das organizações.

Dessa forma, a partir dos anos 1990, quando a competição em escala global adquire grande impulso e passa a exigir das empresas uma gestão cada vez mais eficiente e uma competitividade redobrada, os vestígios (maiores ou menores) de nossa mentalidade latina, até então mantidos latentes, começam a aflorar. O secular jeitinho é muito comumente confundido com criatividade. Além disso, os brasileiros exibem uma visível dificuldade de competir no plano interpessoal. Num modelo organizacional como o anglo-saxão, movido a metas e sustentado por avaliações de desempenho individuais, o despreparo emocional do trabalhador brasileiro faz com que, muitas vezes, ele aja de forma extremada – ou recolhendo-se a uma passividade contraproducente ou, mais comum, assumindo atitudes predatórias (como fofocas, deslealdades e falta de espírito de equipe), que acabam contaminando as relações interpessoais no trabalho e o próprio ambiente organizacional. Numa e noutra ponta, os resultados são os mesmos: a disseminação da incivilidade e da baixa produtividade, traços sombrios persistentes no dia a dia das empresas que operam no mercado brasileiro.

Como as empresas devem responder aos desafios lançados por essa diversidade oculta e tantas vezes conflitante? Antes de tudo, parece-me, capacitando-se para o entendimento do problema. A alta e a média gestão devem traçar um diagnóstico da cultura empresarial sob o prisma da história das mentalidades. O que na vida da organização e na interação entre os seus membros converge, diverge, aproxima ou distancia seus colaboradores de seu modelo organizacional. O passo seguinte, mais delicado, é permitir que essa diversidade venha à superfície e seja banhada pela luz do dia. Isso significa oferecer aos colaboradores ferramentas (treinamento, comunicação e uma gestão de pessoas consciente) que lhes permitam entender com clareza os pontos conflitantes e aderir, com mais engajamento e menos resistência, ao novo modelo organizacional. Significa, também, desmistificar os fantasmas da organização. Significa, enfim, um investimento sistemático em inteligência emocional. Pelo prisma poético, responder ao desafio da diversidade seria algo como desfazer os nós e preservar os laços.

7
GESTÃO & FINANÇAS

Vivendo a realidade financeira em casa e no trabalho

Everton Lopes

Problemas financeiros não afetam apenas o seu sono. Afetam também o seu desempenho profissional. Um estudo da Fundação Getúlio Vargas (FGV) revelou a relação entre produtividade e equilíbrio financeiro. Mas, antes de continuar meu raciocínio, gostaria de falar sobre qualidade de vida, mais precisamente sobre qualidade de vida financeira, pois ela passa necessariamente pela forma de como nos relacionamos com o dinheiro. E qual é esse relacionamento com o dinheiro? De satisfação ou prazer? De necessidade ou desejo? De realização ou dependência? De ostentação ou sustentação?

Nós, investidores e consumidores, e até mesmo os endividados, costumamos acreditar que somos racionais e que nossas emoções não afetam nossas decisões. Mas sabe-se que hoje morrem mais pessoas por excesso de comida do que por falta dela. E que mantemos um comportamento semelhante aos de nossos antepassados diante da comida: os homens continuam acumulando sua poupança na "barriga" e as mulheres no "bumbum".

Se por um lado temos uma forte tendência a acumular "poupança" na forma corporal, por outro temos uma enorme dificuldade de formar uma poupança financeira. E a decisão de deixar de consumir agora para consumir no futuro representa um duplo desafio.

1º) Se viverei até o futuro para consumir (o imediatismo);

2º) Acreditar que o objeto do consumo ainda estará disponível no futuro – este é o risco corrido. E os juros são o nosso prêmio.

A pesquisa feita pela FGV com 135 de seus funcionários mostrou que empregados endividados são os que apresentam maiores índices de faltas e atrasos. Além disso, usam os recursos da empresa para buscar soluções para seus problemas. Isto está levando muitas empresas a oferecer palestras e programas de gestão financeira para seus funcionários. Algumas já colocaram uma equipe de profissionais para acolher os funcionários com problemas financeiros e ajudá-los a encontrar uma solução.

Existe uma relação entre riqueza e felicidade que há muito ocupa o tempo de filósofos e economistas. Os iluministas, por exemplo, acreditavam na existência de uma equação harmônica entre riqueza e felicidade. Daí surgiu a pressuposição de que, com o aumento da minha riqueza material, aumentarei também o meu grau de felicidade. A lógica desta hipótese baseia-se no fato de que quando fazemos algo que aumenta as nossas chances de sobrevivência e procriação nos sentimos mais felizes. Muitas vezes consumimos para pertencer e para sermos estimados. Podemos dizer que pertencer e ser estimado é ser amado pela sociedade. E ser amado pela sociedade significa ter status elevado. Mas o que é status? "Comprar o que não precisa, com o dinheiro que não tem, geralmente para mostrar a quem não gosta o que você não é."

Só que, depois de acumular bens materiais e realizações, muitas pessoas tendem a esquecer de que tudo aquilo foi fruto de conquistas não muito fáceis. Passam a encarar o status e o conforto que alcançaram como se fosse um dado da natureza, por assim dizer. Com isso, começam a ficar insatisfeitas e a querer sempre mais. É claro que tal atitude causa frustração. Por esse motivo, lidar com a felicidade pode ser tão difícil quanto enfrentar a infelicidade.

Então, um dos inúmeros truques que nosso cérebro nos prega é fazer com que continuemos a trabalhar loucamente para poder consumir o máximo que pudermos, acreditando que desta forma alcançaremos a felicidade. Ledo engano.

Ora, todo ser humano merece ser feliz e viver em paz com o seu dinheiro, sem o estresse do dia a dia, sem ter de, em todo fim de mês, ficar correndo atrás da máquina, para poder honrar os seus compromissos ou saber onde melhor investir o dinheiro.

A falta de educação financeira desde cedo e de planejar as finanças é uma das principais causas que levam ao desequilíbrio financeiro de muitas famílias. Não tentar querer dar uma vida de príncipes e princesas aos filhos, se ainda não tiver o tesouro do rei para poder fazer isso.

Acima de tudo, é preciso ter saúde, mas precisamos e merecemos ter também uma vida financeira saudável para poder desfrutá-la. Construir uma tranquilidade financeira para o seu futuro é louvável, mas não se pode deixar de viver o agora. Gastar bem, mas gastar com qualidade e sempre menos do que se ganha.

Administrar bem as finanças pessoais não depende de quanto se ganha no final de cada mês e sim de como se administra cada real que entra e sai do bolso.

Existem coisas muito mais importantes na vida do que somente ganhar dinheiro. E as melhores coisas da vida, na verdade, são gratuitas, como dar ou ganhar um sorriso, um abraço, ficar junto dos familiares, ler um bom livro, andar de bicicleta, fazer uma caminhada. Enfim, há muitas outras coisas que não precisam necessariamente de dinheiro. Muitos dizem time is money – tempo é dinheiro! Não, tempo não é dinheiro, tempo é vida. E é possível, sim, viver e juntar dinheiro, basta viver a sua realidade financeira. Às vezes, menos é mais.

Há pessoas que ganham milhares de reais e vivem como se ganhassem um salário mínimo. Outras vivem tranquilamente com essa mesma renda porque simplificaram sua vida financeira.

Uma vez ouvi a resposta do Dalai Lama a um questionamento sobre o que mais lhe surpreendia na humanidade e ele sabiamente respondeu: "O homem, pois perde sua saúde para juntar dinheiro, depois perde todo o dinheiro para tentar recuperar a saúde. E por pensarem ansiosamente no futuro esquecem do presente, de forma que não vivem nem o presente nem o futuro. Vivem como se nunca fossem morrer e morrem como se nunca tivessem vivido".

E como as empresas podem auxiliar seus colaboradores na questão do endividamento pessoal? Muitas delas convivem diariamente com conflitos internos causados por pessoas estressadas e que implicam com tudo e com todos. O primeiro sintoma que pode ser notado nas pessoas é a questão do relacionamento. Hoje, o descontrole financeiro é considerado uma das principais causas de separação entre casais. Se ele causa problemas dentro de casa, também faz estragos no relacionamento dentro das empresas.

A maior causa de dívidas é originada pelo descontrole das despesas, ou seja, gastar mais do que se ganha todo mês. Porém, é muito difícil o indivíduo admitir isso. Então a pessoa começa a culpar alguém, como o marido, a esposa que gasta demais ou mesmo os filhos. Depois são os colegas de trabalho e, principalmente, a empresa que paga mal. Com isso, cai a produtividade do colaborador e, principalmente, a motivação para o trabalho.

Como pode ser possível produzir bem se está preocupado com as contas em atraso? Isto tudo afeta diretamente a qualidade de vida das pessoas, pois essa é uma questão buscada por todas as pessoas e empresas. Pelo acesso ao crédito cada vez mais fácil, alguns consumidores se endividam devido a gastos mensais superiores à renda, pois todas as compras são efetuadas a prazo e se acumulam em um futuro próximo com outras compras realizadas em momentos diferentes.

Em relação ao endividamento proveniente de momentos de doença, isto é uma situação que não há como prever. Por esse motivo, é importante ter uma reserva para momentos como estes. O Instituto Brasileiro de Geografia e Estatística (IBGE), em pesquisa sobre orçamento familiar, mostrou que 85% das famílias brasileiras gastam mais do que ganham todo mês. O problema das finanças pessoais é uma realidade nacional.

As empresas podem suprir essa carência dos colaboradores sobre educação financeira. Isto deve ser colocado no dia a dia do funcionário e não somente nos treinamentos e palestras específicas. Por exemplo: um treinamento motivacional de vendas faz com que o funcionário tenha um melhor desempenho na sua função. Porém, se ao chegar a sua mesa o funcionário recebe uma ligação ou um aviso do gerente do banco falando que o cheque voltou ou não tinha saldo para o débito da conta da luz, todo o treinamento motivacional pode ser comprometido.

Por isso, a empresa deve passar a orientação financeira não só para o funcionário, mas os efeitos devem ser extensivos também para toda família dele. As empresas devem abordar os temas sobre saúde financeira pessoal e familiar e sobre orientação financeira para a aposentadoria. Enfim, normalmente, o funcionário conhece como salário apenas o valor líquido e não sabe na maioria das vezes nem o que paga de imposto de renda e previdência social. Se existe tanto débito, o funcionário pode falar que ganha mal. Mas, às vezes, não são os salários que são baixos e, sim, os gastos que esses trabalhadores fazem de maneira desorganizada.

Quando as empresas propiciam orientações sobre educação financeira, ambas as partes ganham: os funcionários passam a administrar melhor seus rendimentos e, com isso, trabalham melhor de modo a aumentar a sua autoestima e sua produtividade para as empresas.

Organização financeira é sinônimo de qualidade de vida. Fortalece os laços familiares, gera segurança, satisfação pessoal e no emprego. Por outro lado, os profissionais de recursos humanos sabem que a desordem financeira tira o sono, a saúde e o bom humor de qualquer pessoa.

Muitas pessoas que têm uma vida financeira desorganizada evitam o contato com seu extrato bancário e fogem de palestras e cursos com medo da exposição. Em outros casos, o funcionário é apenas um provedor de salário, enquanto que as decisões de despesas e poupança estão nas mãos dos familiares. Então, cuide do que é mais importante pra você, sua família e também para os colaboradores de sua empresa. Viva a sua realidade financeira, você merece ser feliz e isto é simples. Acredite!

8

GESTÃO & GOVERNANÇA

Atitude e o binômio gestão e governança corporativa

Geovana Donella

A NOVA GESTÃO

O binômio Gestão e Governança Corporativa é considerado, na maioria das vezes, como blocos de "caixas independentes", como se suas partes não estivessem entrelaçadas no contexto da condução empresarial. Os resultados mais sustentáveis das corporações se originam na atividade executiva continuada da Gestão tendo como base os critérios preconizados na Governança.

Imaginar uma separação de instâncias é o mesmo que uma letra de música desconectada do seu componente melódico, uma obra inacabada, que não expressa o seu real conteúdo...

A única forma de ajustarmos nossas lentes da Gestão e Governança é considerar este binômio num único contexto, com a convicção e segurança de que o relevante é a atitude dos executivos, que transcenda a retórica metafísica das baias&telas e considere a vivência prática, concreta, do impacto social dos negócios tendo a Governança como norte ético.

Em outras palavras, para que o ecossistema empresarial funcione de verdade, devemos observar rigidamente o respeito à visão, missão e os valores da organização, infraestrutura estratégica para alcançar e conquistar um objetivo comum para todos os envolvidos, construindo o futuro dos negócios. É mandatório transformar em prática o que esteja escondido pelos quatro cantos da empresa, pois aqueles termos listados e inseridos em gavetas, regras e processos sem a utilização efetiva mais cedo ou mais tarde resultam em adubo para algum desastre.

Nesse contexto temos muitos exemplos de empresas brasileiras e no Exterior que demonstram claramente que somente se obtém um bom resultado quando há um perfeito alinhamento da retórica e da prática que nos permite deixar para as novas gerações um legado expressivo. Queremos uma sociedade melhor, mais justa, com empresas que tenham o compromisso com a vida e a felicidade da humanidade.

Atualmente, um dos maiores desafios do mundo corporativo é evitar cair num abismo que se estabelece entre a teoria e o que se faz na prática. É inegociável que precisamos efetivar o que acreditamos ser o melhor para todo o processo de construção de empresas e negócios. Isto tem nome: propósito!

O problema central desta nova era para as empresas e seus executivos, desde a alta cúpula até o chão de fábrica, é compreender que os conceitos da gestão de alta performance, com todos os processos manualizados, teorias disseminadas e a missão expressa em quadros na parede, não podem conviver apartados das boas práticas de governança corporativa.

O homem, desde os primórdios de sua existência, já tem consciência, intuitivamente, deste binômio. Isto está presente no dia a dia, nos relacionamentos com outras pessoas, pois temos consciência da distância que há entre o que se entende como ideal da boa gestão, de uma boa governança e sabemos quando algo é realizado certo ou errado, segundo a cultura na qual estamos inseridos.

Ainda na gestão do dia a dia, obedecendo a uma análise séria dos indicadores, nos processos instalados, nos reports administrativos, em todas as peculiaridades de cada operação comercial ou operacional, pode se dar início a uma boa governança corporativa. Contudo, isso não basta!

A Transparência, Equidade, Prestação de Contas e Responsabilidade Corporativa são os pilares apoiados nos quais poderemos ir mais longe.

Para o fortalecimento contínuo desses pilares é necessário agir com Transparência, que é fruto da atitude colaborativa de toda a gente que compõe a equipe, criando um ambiente onde as empresas possam ser dirigidas, monitoradas e incentivadas com diálogos francos e honestos, em todas as suas instâncias. Tudo deve ser baseado na Equidade, que é o tratamento igualitário entre os sócios e todas as partes interessadas da empresa. Além disso, temos sempre à mão uma Prestação de Contas através da qual todos os administradores, de todos os níveis, devem ser capazes de responder pelas consequências de seus atos ou omissões. Já a Responsabilidade Corporativa é o guardião da sustentabilidade do negócio, olhando para o futuro, integrando todos os resultados, sejam eles financeiros, sociais ou ambientais.

Esses quatro pilares devem suportar a atuação de todos os envolvidos no ambiente empresarial, desde sócios majoritários, minoritários, colaboradores, conselhos de administração e qualquer órgão de controle. Todo o corpo de gestão e direção da empresa registra suas ações neste diário, alicerçando suas atitudes nessas teorias e técnicas conectadas pelas escolas de administração e seus órgãos afins, estando dessa forma ao alcance de todos neste mundo globalizado.

Muito se tem falado deste tema, todos buscando entendê-lo para melhorar as suas empresas nas práticas atuais com metodologias, processos e implementação de ações cotidianas. O dinamismo necessário para levar adiante e com sucesso esse projeto deve valer-se da experiência adquirida, algo que não pode ser aprendido em nenhuma escola de administração e sempre focado na perspectiva de bom resultado no tripé sustentável: financeiro-social-ambiental.

Usualmente, no processo de gestão, a meta é estabelecer indicadores de performance, ou seja, qualquer gestor é capaz de avaliar, em qualquer tempo, como cada processo está se desenvolvendo dentro da empresa. O gestor utiliza-se desses indicadores para elaborar os relatórios de gestão e produzir reports para toda e qualquer esfera da administração da companhia.

Em resumo, para garantir a obtenção de resultados que construam a perpetuidade dos negócios, alicerçados pelo "bottom line" da sustentabilidade - financeiro, social e ambiental -, a boa gestão compreende desde serviços, estratégias, planejamentos, processos, indicadores de performance e principalmente pessoas envolvidas e aptas a levar adiante o "core business" dentro do previsto pela organização.

A gestão das pessoas no mundo globalizado é um desafio complexo. A nova geração de profissionais está muito mais focada em resultados e desta forma ligada a tudo o que é referente à gestão operacional das empresas, nos processos e conhecimentos técnicos de áreas específicas. Estas habilidades podem ser aprendidas em várias escolas de administração. Entretanto, lidar com gente demanda muito mais do que leitura e certificação. Para gerir vidas de forma produtiva é preciso talento para saber reter outro talento, desenvolver aqueles que necessitam de aprimoramento e uma liderança sólida e construtiva.

A gestão sempre deve estar alinhada com as mudanças tecnológicas e a visão de mundo das novas gerações que estão iniciando suas experiências profissionais. Esses fatores são um estímulo para se agir conectado com o "todo". Não basta ter as melhores informações na mão nem os melhores profissionais, processos e sistemas. É preciso mais, é preciso a habilidade de conectar esse conjunto de iniciativas com um olhar atento para as mudanças globais, a velocidade das mudanças tecnológicas para fazer a diferença.

Do ponto de vista pessoal, o equilíbrio entre a nossa saúde mental e física é fundamental, durante todo esse processo, para sermos capazes de absorver uma enxurrada de informações diuturnamente. Afinal, a quantidade de desafios e metas, aliada à sede de aprender e manter o olhar atento ao nosso redor, gera um gap na capacidade de focar nas atividades e nas ações.

A nova geração é composta por pessoas que querem trabalhar felizes, não aceitam imposições, questionam muito e exigem respostas coerentes com o que o mundo lhes apresenta. Essa gente precisa sentir-se autônoma para desenvolver as suas ideias, de espaço para colocar em prática suas crenças, de ambientes onde possam elaborar e desenvolver formatos inovadores de trabalho. Eles querem desafios claros, necessitam de reconhecimento para gerar riqueza com os resultados obtidos.

Uma multidão quer falar, manter contato, vivenciar um networking dinâmico, ter feedbacks constantes, claros, concisos, que orientem e criem condições para poder definir os próximos passos de suas carreiras e desafios.

O fato é que a sintonia real e verdadeira de uma boa gestão com as boas práticas da governança corporativa resultam e iluminam a proa do sucesso na condução dos negócios, tendo como consequência bons resultados financeiros, felicidade no trabalho e a perpetuidade dos negócios. Essas conquistas serão desfrutadas por todos os envolvidos, isto é, a rede produtiva de clientes, colaboradores, acionistas e o meio social no qual essa empresa se instala. É fundamental o questionamento dos executivos e empresários, quando estes tentam separar a Gestão da Governança Corporativa.

Parafraseando Henry David Thoreau (1817-1862), poeta, escritor e filósofo naturalista americano: tudo é loucura ou sonho no começo, nada do que o homem fez no mundo teve início de outra maneira, todavia, já tantos sonhos se realizaram que não temos o direito de duvidar de nenhum. Não se faz necessário reinventar a roda.

Organizações que escutam

Rosélia Araújo Vianna

A NOVA GESTÃO

Escutar representa 60% da comunicação eficaz. Você entende o que exatamente isto significa? No século da informação farta, variada e disponível, será que há interesse em ouvir?

No geral, os gestores têm três problemas básicos de escuta: (1) pressupor o que o outro vai dizer; (2) escutar somente partes do que é dito; e (3) selecionar o que ouve. Alguns gestores tendem a uma ou outra característica, mas é possível também que optem por uma delas em determinadas situações. É o caso daquela coordenadora de equipe que, ao receber a reclamação de um colaborador, imagina que ele está descontente com sua forma de conduzir o projeto, pressupondo que este queira assumir sua posição. Também o caso do diretor recém-chegado que estabeleceu suas metas sem escutar seus pares sobre as possibilidades de alcançá-las no tempo previsto, causando desconforto na equipe.

Mundo conhecido este, não? Onde equipes pensam que trabalham para seus próprios interesses, gestores ouvem somente aquilo que querem, executivos fazem cursos de oratória e dicção ou de media training e acreditam que estão prontos para o mercado. Neste mundo, muitos investimentos em marketing vão por água abaixo porque o consumidor não foi ouvido.

Está na hora de repensar como as organizações e seus agentes escutam. O saber ouvir adequadamente vem da capacidade de, por um momento, deixar de lado os próprios interesses e compartilhar o poder e o controle que, como gestor, detém em suas atribuições. Generalizando, pode se considerar que organizações que escutam verdadeiramente estimulam a prática da cidadania, a participação dos indivíduos e, desta forma, criam espaço para o desenvolvimento de uma sociedade mais colaborativa e democrática. Configura-se assim o exercício da cidadania no mundo organizacional.

Considerando os parâmetros de sustentabilidade atuais, tem-se a fórmula básica de que uma empresa só é sustentável no momento em que é socialmente justa, ambientalmente correta, economicamente viável e culturalmente aceita. Uma organização sustentável é uma organização cidadã e a noção de cidadania está se ampliando, cada vez mais, quando tratamos do exercício de deveres e direitos supranacionais.

Pode-se afirmar que há uma evolução temporal no conceito e nas práticas organizacionais que visam beneficiar a sociedade, o meio ambiente e o indivíduo. A partir desta consideração cria-se uma estreita ligação entre o desenvolvimento da economia e a necessidade de cuidados com o coletivo.

A mudança de uma sociedade industrial, focada na produção e no suprimento de meios materiais, para uma sociedade pós-industrial, com foco em melhor qualidade de vida e valorização do ser humano, forma a base conceitual contemporânea da responsabilidade social empresarial.

Organizações inteligentes aproveitam de forma saudável esta realidade pós-industrial para estarem mais presentes na memória e nos bolsos dos cidadãos, pois, ao se tornarem "empresas cidadãs", ganham legitimidade e confiança no mercado, que é parte da sociedade. Para as teorias administrativas, isto equivale a alcançar boa reputação.

No Brasil, antes da regulamentação do Código Brasileiro de Proteção e Defesa dos Direitos do Consumidor, em 1990, já tínhamos sistemas de atendimento ao cliente e pós-venda que, na época, operavam como canais de comunicação das organizações e seus públicos de interesse. Abria-se a possibilidade do diálogo, mas ainda incipiente quanto à participação dos consumidores nas tomadas de decisão.

Na sequência, surgiu a ouvidoria como meio de relacionamento baseado nas reclamações dos cidadãos e no levantamento da não qualidade. A ouvidoria seria uma chamada à civilidade, pois, ao propor a participação do cliente ou consumidor nos processos organizacionais, se promove a interação e o debate sobre o ponto de equilíbrio entre o que é o justo e o que é o bom para as partes interessadas.

A ouvidoria tirou o indivíduo-organização e o indivíduo-consumidor da zona de conforto das preocupações individualistas, trazendo ambos para o campo dos relacionamentos desafiadores, com possibilidades de resolução de conflitos e de novas oportunidades.

As características básicas do novo ambiente de consumo são a escassez de tempo, confiança e atenção em um mercado mundial com cada vez mais ofertas de produtos, serviços e informações similares que concorrem entre si. Os consumidores reagem a esta realidade oscilando entre atitudes bipolares de isolamento ou participação quando se dispõem a se relacionar com as organizações.

No que se refere às oportunidades abertas para participação do consumidor nas decisões das organizações, cabe um alerta quanto às intenções, pois, apesar de haverem se tornado um ato cada vez mais bem-vindo às organizações, é sempre possível que ocorra uma pseudoabertura ou a manipulação dos conteúdos. A tendência, decorrente de valores democráticos, não exclui o fato de que a empresa é pluralista, constituída por pessoas e grupos heterogêneos que precisam ter suas vontades e valores levados em consideração.

A prática da escuta ativa bem que poderia ser recorrente em toda a organização, mas, caso tenha somente uma área específica, é possível, ainda assim, estar um passo à frente da concorrência.

Pode-se considerar a ouvidoria como um instrumento de comunicação direta, pois privilegia o contato de forma singela. Percebe-se como altamente eficiente é este tipo de comunicação por se adequar exatamente ao interlocutor, proporcionando mais chances de entendimento e atendimento de suas expectativas e necessidades. O feedback tende a ser mais preciso quando as partes podem ficar frente a frente, e isto não quer dizer somente o contato face a face, mas também via telefone ou internet.

O material de trabalho da ouvidoria é a informação trazida pelo consumidor-cidadão, por meio da sugestão ou reclamação que é entendida como possibilidade de redução da incerteza que a organização tem a respeito do que o consumidor pensa da qualidade de seus produtos, serviços e relacionamentos.

Um fluxo básico do serviço de ouvidoria pode esclarecer os pontos de convergência entre seu uso para os objetivos de marketing e a cidadania empresarial. O roteiro inicia no contato do consumidor-cidadão com a organização. Então, no serviço de ouvidoria, é registrada sua manifestação que, na sequência, segue para dentro da empresa, a fim de que seja investigada e determinada a responsabilidade direta ou indireta sobre o assunto. Caso a organização considere procedente o relato e assuma sua responsabilidade no fato, é planejada uma ação corretiva para sanar a causa do problema. Ao mesmo tempo, é dado retorno ao manifestante a respeito das providências tomadas. Não sendo reconhecida a procedência do que foi relatado, a organização informa a decisão da improcedência ao cidadão. Todo o processo é acompanhado de perto pelo responsável do serviço de ouvidoria, pois, caso este não fique satisfeito com o retorno dado pela empresa, pode solicitar uma nova investigação, indicando os motivos de sua contrariedade, antes mesmo do envio da resposta ao consumidor.

É relevante apontar que cada registro gerado, cada investigação realizada e cada resposta dada ao cidadão deve ficar armazenada em um banco de dados, como histórico das manifestações, para posterior análise global da situação da empresa. Este banco de dados favorece a criação de ações proativas na busca da construção de melhores relacionamentos, melhorias de processos e até mesmo de inovações. Todo o processo auxilia no desenvolvimento da inteligência organizacional.

Os agentes aqui envolvidos são o consumidor-cidadão (reclamação e/ou sugestão), o ouvidor (registro e retorno, histórico e proatividade, enquanto gestor do relacionamento) e o avaliador, que geralmente é o responsável diante da organização pela área envolvida no evento (investigação e tratamento do assunto, caso necessário).

Em três pontos específicos acredita-se que há possibilidade de uma atuação cidadã da organização: (1) na abertura de canais para a entrada dos dados; (2) no retorno convincente, consistente em tempo adequado à necessidade do manifestante; e (3) na proatividade, quando utiliza os dados históricos para ir em busca de soluções sociais inovadoras. Como se pode perceber, prática e teoria podem ser coerentes.

É possível ter a ouvidoria como um canal estratégico de escuta e relacionamento, como também ir além disto e se beneficiar desta escuta ativa para a melhoria dos processos internos. Um serviço completo é aquele em que a organização escuta com seriedade, recupera o relacionamento abalado pelo conflito ocorrido e cresce em conhecimentos e habilidades.

Não é uma área da organização que se torna responsável por receber as demandas dos clientes e fazer delas uma bandeira entre os feudos internos. Abrir a empresa para a escuta ativa significa sensibilizar cada gestor sobre o conceito de trabalhar pelo e com o cliente/cidadão. A participação vem como alicerce para esta união.

Ao assumir sua cidadania empresarial, as organizações definem mecanismos de ética e transparência administrativa para seu relacionamento com a sociedade. A ouvidoria pode ser assumida como instrumento na gestão e pensada metaforicamente como uma porta cuja abertura possibilita ao indivíduo visualizar a organização internamente, apontar seus problemas, sugerir melhorias e participar de decisões. Para a organização, a porta da ouvidoria oportuniza sair de seu mundo fechado, escapar de suas certezas programadas, arriscar-se a ver a vida sob o ângulo do cliente/cidadão. A política de portas abertas faz parte de uma gestão madura, que tem a transparência como valor. Para deixar a porta aberta, com trânsito de entrada e saída, é necessário certo desprendimento dos agentes de influência formalizados. É preciso que tenham visão ampliada do alcance de seus objetivos principais. A disputa pelo poder terá de ser minimizada.

O encadeamento neste texto indica uma chamada da organização-cidadã à participação do indivíduo, propondo a ele um espaço nas tomadas de decisão que refletirão em benefício da coletividade. Duas questões podem ser levantadas então:

(1) como fica o desejo de continuar exercendo a cidadania quando o indivíduo tem negada sua reivindicação pela empresa?; e (2) como os agentes internos da organização enfrentam a divisão de seu poder com o consumidor-cidadão?

Cada organização precisará exercitar e chegar ao seu ponto de equilíbrio. É preciso maturidade no âmago da cultura organizacional para tanto. E será este amadurecimento que elevará o grau de cidadania do mercado, tornando-o, finalmente, socialmente justo, além de ambientalmente correto e economicamente viável.

Gestão & Governança

O QUE UM JUIZ PODE ENSINAR A UM CEO

WILLIAM DOUGLAS

Após duas décadas com produtividade acima da média na 4ª Vara Federal de Niterói e aproveitando a longa experiência com gestores da iniciativa privada, relaciono um pouco daquilo que um gestor privado pode aproveitar da experiência de um juiz. A dinâmica do magistrado envolve tomar decisões sob pressão, com limitação de recursos e com grande impacto potencial, ambiente que é replicado no mundo corporativo.

Juízes e presidentes de empresas têm muito em comum, já que ambos exercem poder. Comungam da mesma pressão por resultados, têm igual necessidade de tomar decisões graves de forma rotineira – e às vezes frenética –, sofrem com o acúmulo de problemas a resolver e, constantemente, desejam ter mais recursos (humanos e materiais). Juízes e CEOs estão, o tempo todo, julgando, gerenciando equipes e tendo de "fazer chover".

A seara pública também apresenta características semelhantes às das corporações. A empresa "governo" está presente em todos os municípios e tem mais de 10 milhões de funcionários. Existem, no serviço público, os conceitos empresariais de "lucro" – que para nós é o bom serviço prestado – e "acionistas" – o povo.

OS ERROS

É útil noticiar os piores erros que podem ser cometidos por um juiz, pois um gestor privado também pode vir a cometê-los. Entre os erros que nós, juízes, cometemos, os piores são os de gestão. Os jurídicos, em geral, podem ser corrigidos com recursos. Aplicar mal verbas limitadas ou escolher colaboradores incompetentes (ou desonestos) podem ter consequências desastrosas. Nossos piores erros podem ser sintetizados em seis tópicos:

JUIZITE

Recorde-se da pior visão estereotipada que se tem de alguns juízes: distantes, arrogantes, donos da verdade, prepotentes. Pois estes existem de fato, lamentavelmente, e sofrem de "juizite". De seu magnífico castelo, ditam ordens de modo arbitrário ou tirânico, ouvem pouco, escondem-se atrás da autoridade, especializam-se em indicar culpados para suas falhas. Esses juízes acabam sendo detestados por todos os seus stakeholders e sofrem uma vingança muito comum entre os servidores da Justiça: quando um juiz com "juizite" erra (e todos os seres humanos erram, cedo ou tarde), deixam o erro passar para frente. Já se há respeito e admiração, eles o alertam.

ENCASTELAMENTO

O isolamento do cargo é comum, mesmo quando não há "juizite". E, se juízes e parlamentares podem se esquecer de seus jurisdicionados e eleitores, há também CEOs que se esquecem de seus funcionários e consumidores. Pois uma das maiores causas da queda de potências é o encastelamento. Tende a ser fatal ignorar a marcha do tempo, as inovações tecnológicas, as mudanças no tecido e nas demandas sociais e tudo o que acontece lá fora. O antídoto para o encastelamento é ouvir sempre, em especial as críticas mais ácidas, levando-as em conta.

PERDA DE FOCO E DE SENTIDO DE MISSÃO

Dizer "não" é sempre mais fácil. Existem juízes que usam toda a sua inteligência e todo o seu conhecimento só para dizer "não". Enfrentam a montanha de processos extinguindo-os por motivos banais; tomam suas decisões não baseados no melhor Direito, mas mirando promoções e bons relacionamentos. Preguiçosos, carreiristas, parciais e até mesmo "vendidos" é como nós chamamos tais colegas. Repare que é uma forma de corrupção não pelo dinheiro, e sim pela comodidade ou pelo prestígio.

Já vi inúmeros CEOs agindo similarmente, interessados apenas em bônus imediatos, em participações em resultados e em convites para ir para outra empresa com um pacote de benefícios mais atraente. Vale a pena agir assim, mesmo quando se consegue o que se quer dessa maneira? Desconfio que não: o tempo costuma revelar e premiar quem tem o foco na missão. É melhor cumprir com dignidade os deveres do cargo e se esforçar sinceramente para conduzir a empresa para uma posição de maior respeito e resultados palpáveis, mesmo que isso leve mais tempo. A maior longevidade e respeitabilidade de algumas carreiras e empresas têm relação com essa escolha – longevidade é um bom resultado.

MEDO

Juízes medrosos se acovardam diante dos riscos próprios da profissão. Alguns temem decidir contra os poderosos, grandes grupos políticos e econômicos; outros não querem condenar traficantes ou demitir funcionários corruptos; há até mesmo os que refugam ante conceder liminares ou alvarás de valores vultosos. Pior: alguns têm medo de... decidir! Com isso, o mal às vezes triunfa, a justiça se perde, os processos se arrastam. Infelizmente, uma "empresa" como essa (uma vara, um órgão jurisdicional não deixa de ser uma empresa) não vai à falência. Deveria, pois está "falida" moralmente.

Existem CEOs que cometem o mesmo erro: são incapazes de tomar posição e, nos momentos críticos, de apontar uma direção. Talvez haja quase tantos fracassos por falta de decisão quanto por decisão errada. Nossos liderados, e as pessoas que dependem de nossas decisões, preferem uma decisão errada que se possa consertar à inércia que afunda a organização. Ainda não inventaram substituto para um líder que analise serenamente um cenário e indique o caminho que julga melhor.

FALTA DE MANUTENÇÃO DO CONHECIMENTO E DE ABERTURA AOS MAIS JOVENS

Um risco bastante comum entre os magistrados é parar de estudar, seja de modo amplo, seja em sua especialização. Por mais que as escolas de magistratura tentem evitar que isso aconteça, só a responsabilidade pessoal o evita. Os CEOs também correm o risco da desatualização. Tanto juízes quanto executivos têm de tomar o cuidado de continuar estudando, o que inclui o duro reconhecimento de que estamos envelhecendo e o mundo, como dizem os poetas e os físicos, não para.

Além disso, há juízes antigos, assim como CEOs mais experientes, que possuem verdadeiro pavor dos jovens e de suas novas ideias. Recusam-se a confraternizar e a aprender com os mais novos e seus pensamentos aparentemente malucos (algumas vezes malucos mesmo, outras não). Fazem isso equivocadamente pensando-se seguros em seus cargos no topo da pirâmide. Isso acelera a defasagem. Quantos líderes você conhece que se tornaram velhos e defasados?

FALTA DE COERÊNCIA E RACIONALIDADE

Um juiz ou um CEO pode decidir errado sem que isso afete sua credibilidade e honra – desde que se saia bem no processo até a decisão e que esta tenha coerência e racionalidade. O que ninguém suporta é a adoção de "dois pesos e duas medidas" ou mudanças de humores. A incoerência e a irracionalidade deixam todos inseguros. Imagine, na empresa, um colaborador ter receio de falar com o líder porque ele está de mau humor. Quando tal irracionalidade ocorre, além de atrasar decisões importantes, gera insegurança na equipe.

HABILIDADES

Algumas habilidades não são ensinadas nas escolas da magistratura ou nas de administração e precisam ser aprendidas com mentores ou com a experiência prática. Relaciono cinco:

Lidar com ressentimentos, inveja e adulação. O exercício do poder gera naturalmente ressentimento em parte das pessoas. Se é fruto da inveja, ira ou outra mazela humana não se sabe, mas é preciso precaver-se dos amigos que, na verdade, são inimigos ocultos e, por isso, mais perigosos, e dos aduladores, pois sua lealdade é inconstante e seus elogios e acobertamentos da verdade podem levar o líder a tomar decisões erradas.

"A ASSOMBRAÇÃO SABE..."

Não é raro uma parte ou um procurador criar um grande escândalo no balcão do juízo, onde todos são atendidos, agindo com grosseria ou abuso, e, diante da autoridade, comportar-se de modo ameno. O mesmo se aplica a funcionários, clientes e fornecedores de uma empresa. Por isso, juízes e CEOs precisam de assessores que digam as verdades, mesmo as incômodas. Parafraseando a sabedoria popular, assombração não gosta de aparecer para quem tem poder.

CURVA DE LAFFER

Ao estudarmos direito financeiro e tributário, aprendemos sobre a Curva de Laffer, o gráfico que demonstra que, para aumentar a receita tributária, não basta ir aumentando as alíquotas ou a quantidade de tributos. A receita só aumenta até determinado nível. Quando há abuso e excesso de tributação, ela começa a diminuir, por sonegação ou por redução das atividades econômicas que compõem a base de arrecadação. A Curva de Laffer tem aplicação em todas as áreas. No caso dos executivos, quando eles abusam de sócios, parceiros, clientes, fornecedores, acionistas ou subordinados, o ganho pode até subir, mas depois cairá. Um negócio é bom quando é bom para os dois lados.

RESPONSABILIZAÇÃO FUTURA

Os juízes devem lembrar que estão sempre sendo observados: servidores, partes, advogados, Ministério Público, Tribunais de Contas, imprensa e sociedade os vigiam. Da mesma forma, os CEOs têm os balanços, os conselhos de administração, os acionistas e, mais que tudo, o mercado a vigiá-los. Isso nos torna solitários e exige que ajamos com a noção antecipada da responsabilização futura sobre tudo.

SAÚDE E QUALIDADE DE VIDA

Existe um longo debate sobre se qualidade de vida prejudica ou auxilia a produtividade e sobre até que ponto é possível equilibrar sucesso no trabalho com paz e harmonia dentro do lar. Juízes tendem a minar a vida pessoal, assim como CEOs. Sou seguidor de Sun Tzu, o general chinês que tanto influencia as empresas. Segundo ele, no livro "A arte da guerra", "a arte da conquista é conquistar sem destruir". Isso inclui não destruir a vida pessoal.

CONCLUSÃO

Gosto de ser juiz porque vez ou outra, ainda que não sempre, consigo fazer justiça e restaurar o que é bom e direito, tornar o mundo um lugar melhor. Mesmo quando não consigo, sei que fiz meus melhores esforços para tanto. O mesmo privilégio têm os CEOs. Creio que aqueles que exercem autoridade, seja ela pública ou privada, têm o dever de melhorar o planeta. Quanto menos erramos e quanto mais escolhemos as melhores práticas, mais seremos recompensados nos nossos respectivos espaços.

9
Gestão & Inovação

A Nova Gestão GPS Social

João Batista Ferreira

A NOVA GESTÃO

> *"Todos nós somos mais inteligentes do que qualquer um de nós." (Ideo)*

É necessário um modelo mental para a nova gestão, um processo de tomada de decisões baseada no mindset da 'Gestão GPS Social': - Errou o caminho? O software mental do novo empreendedor não se importa com o erro, refaz a rota!

Fig 1 – Tudo centrado no Ser-Humano-Natureza

I – A INOVAÇÃO É MANIFESTAÇÃO DA NATUREZA HUMANA

Inovação é a bússola que aponta para o caminho do evolucionismo humano.

Nós somos apenas uma parte da Natureza. Entretanto, de todas as formas de vida na Terra, o homo sapiens é a única que desenvolveu a capacidade de projetar continuamente seus artefatos e estratégias de sobrevivência. Criamos modos de pensar e modelamos as ferramentas para intervir na Natureza, desde a pedra simples que foi lascada até os mais sofisticados instrumentos de investigação. Por exemplo, temos o acelerador de Hádrons do C.E.R.N.[2], que nos ajuda a compreender a estrutura básica da matéria, nos desconcertantes achados da Mecânica Quântica e também as naves espaciais que desafiam concretamente nossa imaginação na ocupação do espaço-tempo. A lista é interminável: roda, óculos, luz elétrica, antibióticos, vacinas, laser, telescópio espacial, holografia... A inovação é um atributo natural da espécie humana.

Este processo é uma atividade contínua, reveladora de nossa capacidade de acrescentar valor ao que já conquistamos, ao que já projetamos, ao pensado e realizado, no interior de nossas comunidades em suas diferentes culturas, levando-nos para diante, num avassalador ritmo criativo.

Por outro lado, não estamos sozinhos nesta Terra. Em realidade somos parte do fenômeno raro de átomos e moléculas que interagiram entre si de um modo peculiar, energético, com a capacidade de reproduzir sua organização interior e adaptar-se ao ambiente do entorno, seja na superfície, nas águas ou na atmosfera, é a Vida na Natureza. Este processo evolutivo deu origem a toda sorte de variações deste fenômeno, com espécies que surgiram e outras que desapareceram, ao longo de mudanças climáticas e até mesmo de choques de matérias atraídas pelo Sol. O homo sapiens é apenas mais uma dentre as 8,7 milhões de espécies diferentes que se espalham pelo planeta.[1]

Durante os últimos 5 mil anos, os aglomerados humanos se organizaram com o trabalho e a moradia muito próximos. A oficina e o artesão se constituíam no modelo mais difundido do trabalho. "A habitação e a oficina conviviam sob o mesmo teto e muitas vezes ocupavam o mesmo espaço" e "os quarteirões constituíam um conjunto contíguo e coordenado de estruturas para a vida doméstica, o trabalho, o comércio, o lazer e a oração"[3]. Entretanto, desde os meados do século XVIII uma nova era, a Industrial, foi sendo urdida gradativamente, marcando o fim da era da produção artesanal com o surgimento da patente de James Watt, em 1781, e que foi aperfeiçoada no século XIX, na década de 1840, com um conjunto convergente das ferramentas e descobertas científicas, que se iniciou na Inglaterra.

A industrialização seguiu seu curso e a produção em massa de bens teve o seu ápice nos anos 70 do século XX, orientando o Ocidente para o consumismo e fazendo com que a sociedade rural fosse, praticamente, dominada por este modelo de produção e que, contemporâneo com o advento da internet, não consegue mais produzir respostas adequadas para a melhoria da condição humana. Ao contrário, o que assistimos foi a destruição impiedosa de culturas e da Natureza, uma escravização ao dinheiro, pelo dinheiro.

A produção repetitiva de produtos distribuídos por todo o planeta, aliada ao poder da publicidade globalizada e à inspiração colonial, formaram a base de sustentação da era industrial do século XX. Seu ferramental dividiu o mundo em blocos dominadores, militarizados e emergentes. Os efeitos tóxicos do consumismo, da acumulação de capital por poucos, do dinheiro pelo dinheiro, da farsa do desenvolvimento, chegou ao seu ponto de ruptura com a crise dos mercados de 2008. Como diz o De Masi[4] numa entrevista do jornal Folha de S. Paulo: "Na Itália, dez pessoas possuem a riqueza de 6 milhões. No mundo, 85 pessoas, incluindo 12 brasileiros, detêm a riqueza de 3,5 bilhões de outros, metade da população humana no planeta". A maioria do acúmulo foi realizado com sonegação de impostos. Um escárnio!

A Gestão GPS Social chegou com a emergência do Design Thinking

A Construção da estrada de tijolos amarelos (Mágico de Oz).

No século XXI, na era do Conhecimento, a humanidade experimenta a explosão da hiperconexão por meio das novas tecnologias de conectividade, da internet. Tudo convergindo e promovendo uma mobilidade da população humana para uma nova direção de pertencimento global, uma exponencial capacidade de compartilhar conteúdo e acesso à informação. Estamos imersos num processo evolutivo de uma transição de era, para uma sociedade mais mundializada, onde o estado-nação está perdendo terreno, deixando de ser hegemônico, para dar lugar às organizações espontâneas da maioria da população global.

O cenário tecnológico recente é uma explosão de recursos e a revolução digital criou novas plataformas que permitem serviços (relacionamentos sociais) impensáveis há dez anos. Fluxos de dados e conhecimento compartilhados criam uma pressão diária sobre as organizações, rede de colaboradores e usuários, alterando radicalmente as relações interativas entre os participantes do ecossistema.

Assim, novos modelos de negócios, de muito sucesso, estão espocando por toda parte no planeta. É uma explosão da aceleração da economia pelas startups, impensáveis pelo modelo industrial, de produção e posse. Estas empresas estão assentadas em servir ao ser humano, primeiramente criando audiência para sua voz e monetizando por adesão, uma dinâmica muito diferente da transacional, mais apoiada no relacional.

A população humana já é mais de 70% vivendo nas cidades e no Brasil, quem diria, já somos 84% urbanos (censo de 2010). Portanto, rapidamente, de um país rural há 50 anos, estamos imersos na era dos serviços - servir - que é a palavra-chave para recuperar-se dos efeitos tóxicos de um passado centrado na produção em massa, centrado na posse de bens.

Os produtos nada mais são do que meio para acionar os serviços que são prestados pelos objetos. Analisando o modo de gerir as organizações, o que importa para o sucesso, onde se revela o diferencial, a originalidade, está na humanização de sua produção, de seu impacto social, numa relação estreita por empatia com os que consomem e demonstrando serem sustentáveis e encantadores para o evolucionismo humano. Este novo modelo de construção dos negócios fica melhor resolvido se estiver apoiado no conhecimento do mindset - modo de pensar - dos designers, que resolvem os problemas das necessidades humanas, centrado no Ser-Humano-Natureza, durante o processo de construção de produtos ou serviços. Este modo de pensar é o que denominamos Design Thinking.

As principais escolas de negócios do Brasil, Fundação Dom Cabral, Ibmec, FGV, entre outras, já têm em sua grade o Design Thinking como metodologia de abordagem dos problemas de negócios.

O processo de abordagem dos problemas

A iniciativa de solucionar problemas inicia-se com uma investigação da jornada do usuário, procurando entender como as pessoas percebem o desafio que se pretende resolver. Isto se desenvolve por meio de três lentes: a primeira é a empatia, investigando os impactos sociais, pessoais e institucionais, por meio de uma perspectiva intuitiva que busca padrões e ideias criativas para a solução. Em segundo lugar, estabelece-se uma colaboração entre os que projetam e os usuários, o que é fundamental para os insights e refinamento das respostas. A terceira etapa do processo é a experimentação, a construção de protótipos que permitem interagir em grupo, corrigir falhas antes de finalizar. Esta última etapa, que se resolve com a prototipagem da solução escolhida, é o que torna mais efetiva e menos custosa a identificação de possíveis erros de avaliação destas mesmas ideias, GPS Social.

Por outro lado, uma empresa para manter-se ativa no século XXI precisa tornar cristalino o seu "Propósito", por meio de uma comunicação transparente e comprometida em todos os pontos de visibilidade, com seus empregados e com a sociedade. Uma organização que está permanentemente concebendo e inovando em seus processos e ofertas, utilizando-se das ferramentas do Design Thinking, é mais assertiva e serve melhor, consequentemente tornando-se mais sustentável - financeira, social e ambientalmente.

O sucesso destas organizações depende de dois fatores essenciais. O primeiro, da qualidade da resposta à pergunta sobre o impacto social de seus produtos ou serviços. O segundo fator é a transparência, na busca constante de aperfeiçoamento do modo de interagir com o Ser-Humano-Natureza, respeitando o processo evolucionista e preservando o nosso meio vital. A combinação destes elementos é o que vai servir de fundamento para a sua presença no futuro. Os empreendimentos que contrabalançam estas premissas, executando seus processos com engajamento no seu propósito são, por hipótese, mais desejáveis e rentáveis.

A busca por soluções inovadoras por meio das ferramentas de design é cada vez mais fundamental para tornar as organizações mais assertivas, eficientes e competitivas. Hoje, a concorrência está nas nuvens e não mais na vizinhança.

As startups – uma combinação de Inovação, Conhecimento e Design Thinking

O 'novo semblante' da economia.

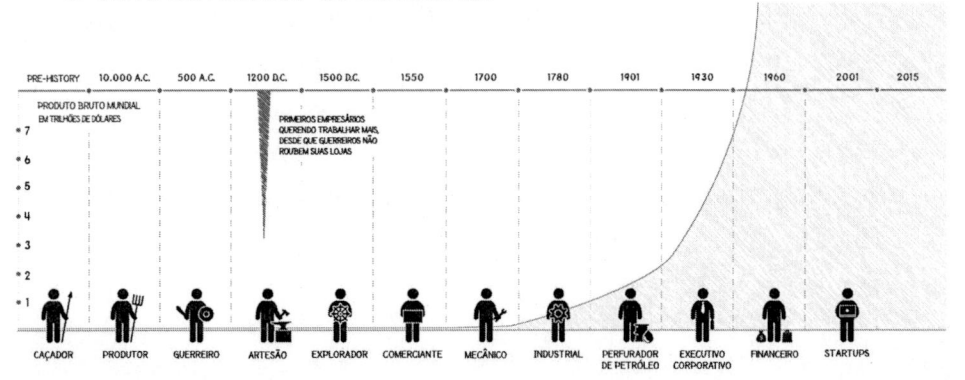

Fig. 2 Evolução do PIB Mundial US$ trilhões (Inspirado em gráfico de www.fundersandfounders.com)

Na era pós-industrial a avalanche de startups é um fenômeno explosivo de empresas centradas no Ser-Humano-Natureza, impregnadas de Design Thinking e Tecnologia da Informação. O foco é concentrado na jornada dos consumidores conectados e colaborativos. De fato, as empresas que hoje figuram no topo do ranking das mais desejadas e valiosas do mundo têm algo em comum: forte apoio na Tecnologia da Informação e disrupção no modo de se relacionar com as pessoas, sempre levando em consideração a conexão interativa. Os produtos carregam os serviços que prestam com muita transparência e os consumidores valorizam as plataformas, já que o serviço embarcado é o que importa para seus novos valores sociais. Facebook, Google, WhatsApp, AirBnb, Uber são exemplos desta nova economia do século XXI, que nasceram de visionários ainda estudantes na academia. Novas mentes ativas, novos modos de pensar.

II – A INOVAÇÃO É A BÚSSOLA. A GESTÃO GPS SOCIAL FIXA O DESTINO

As bases para inovar já estão determinadas no DNA, e não se trata de nenhuma aquisição externa e sim uma aceleração de nossa capacidade de adaptarmo-nos ao meio ambiente. Produtos ou Serviços são inovadores quando o seu Impacto Social e o alinhamento com a Sustentabilidade e com a Execução são capazes de transformar, para melhor, as mentes, o modo de viver e de trabalhar dos usuários.

Embora muito óbvia, esta definição revela os distintos momentos do processo de inovar: ideias de valor implementadas com sucesso. Desconstruindo a frase, podemos dizer que as ideias brotam das mentes criativas, dedicadas a adicionar valor à solução que já existe. Entretanto, vale destacar que a palavra implementadas contém um significado maior, que revela coragem ao correr o risco de construir, de investir e colocar de pé aquelas ideias, implicando coragem e audácia.

Fig 3 – Novas lentes para análise de situação

Inovação é a bússola + Conhecimento é o combustível + DT é o construtor | A base é o homem olhando para si mesmo, parte da Natureza.

A colaboração criativa é a tônica dos novos empreendimentos para o aperfeiçoamento dos produtos e serviços. Isto implica centrar as organizações no Ser-Humano-Natureza, acelerando os processos de busca da Inovação continuada. Este fenômeno ocorre praticamente em todas as sociedades conectadas.

A Inovação tem a ver com aquele inconformismo que os jovens – agora conectados - manifestam na transição para a maturidade. De fato, é nesta passagem que se corrigem os atrasos que o kit sobrevivência, antigo gerente da infância, contém. É um caminhar para frente de modo a deixar para os nossos filhos um mundo melhor do que antes. Inovar é tomar consciência de que garantir a perenidade da empresa é garantir o futuro da espécie.

Somos todos inovadores, certo? Faça a sua parte do seu jeito e os seus companheiros vão te seguir.

---

1 Estudo da Universidade de Dalhousie, no Canadá, e da Universidade do Havaí, realizado por Camilo Mora, ainda não foram descobertas 86% das espécies terrestres e 9% das marinhas.
2 C.E.R.N. A Organização Europeia para a Pesquisa Nuclear é o maior laboratório de física de partículas do mundo, em Genebra, na fronteira da França. Criado em 1954, tem 20 Estados membros e cerca de 2.400 funcionários em tempo integral (Wikipedia).
3 Il Futuro Del Lavoro. Domenico De Masi -1999 - RCS Libri S.p.A., Milano
4 Domenico De Masi – A Sociedade Pós Industrial, Editora Senac, 1999.

Gestão & Inovação

Inovação, a evolução das pontes

Patricia Falcão

Quando se ouve a palavra inovação, ultimamente, a primeira coisa que vem à mente é a utilização de tecnologia informatizada. Mas nem sempre isso é verdade.

Segundo Drucker, inovação é o instrumento específico dos empreendedores, o processo pelo qual eles exploram a mudança como uma oportunidade para um negócio ou serviço diferente. Já o dicionário define a palavra inovar como derivada do latim, cujo significado é tornar novo, renovar, enquanto inovação é o ato de inovar.

Outra definição bem interessante é a argumentada pelos autores americanos Everett M. Rogers e F. Floyd Shoemaker, segundo os quais uma inovação pode ser uma nova ideia, uma nova prática ou também um novo material a ser utilizado em um determinado processo.

Normalmente a inovação é decorrente de alguns pontos conhecidos, como na busca pela simplificação do processo, pela redução de prazo, por economia, por aprimoramento tecnológico, superação de limites, entre outros benefícios que possam ser agregados. Certamente, se você procurar as razões principais para a busca por inovação, alguns dos pontos citados anteriormente facilmente serão lembrados.

Nesta mesma linha, Gerald Zaltman, Robert Duncan e Jonny Holbek afirmam que, enquanto toda inovação implica mudança, nem toda mudança implica inovação. Inovação em seu conceito mais amplo remete a novidade, que não necessariamente quer dizer algo original, mas que no contexto da organização é novo. Ainda no mesmo contexto, para este autor a definição de inovação pode ser entendida como uma ideia, uma prática ou um artefato material percebido como novo, relevante e único adotado em um determinado processo, área ou por toda a organização.

Na construção civil acontece de maneira similar, por mais que alguns pensem que as casas são construídas da mesma forma que as pirâmides, bloco sobre bloco, é fato que muita coisa mudou. Mas com que frequência esta mudança é percebida?

No contexto da construção civil, obviamente poderiam ser citados inúmeros exemplos em que o conceito acima é aplicado, a construção de uma ponte pode ser um exemplo simples e visual de como o processo foi inovado com o passar do tempo, por diferentes causas e necessidades.

Quantas vezes se atravessa uma ponte reparando na sua estrutura ou pensando na maneira como ela foi construída? Quantas vezes se compara a construção de pontes que aconteciam simultaneamente? Ou, mesmo, quantas vezes você notou que as pontes mais conhecidas do mundo, como a Ponte do Brooklin (Nova Iorque, 1883), a Golden Gate Bridge (São Francisco, 1937), a Tower Bridge (Londres, 1894), ou qualquer ponte de Veneza (Itália), apresentam diferenças e similaridades?

Para chegar no estágio de construção das pontes que temos hoje, houve um processo complexo e longo de desenvolvimento tecnológico, culminando em inovação.

As primeiras pontes surgiram de forma natural, com a queda de árvores que permitiam às pessoas irem mais longe em busca de abrigo ou alimento, vencendo obstáculos de vales e rios num tempo menor. Rapidamente, isso foi copiado pelo homem, que passou a fazer pontes com troncos de madeira, posteriormente utilizando tábuas como assoalho, incluindo corrimãos em cordas, aprimorando constantemente a sua construção.

Séculos depois, com o surgimento da idade do bronze, vieram as pontes de pedra em arco, das quais a estrutura mais antiga que chegou até os dias de hoje é a ponte sobre o Rio Meles, na região da Esmirna, na Turquia, que data do século IX a.C.

Entretanto, foi no Império Romano que a pozzolana, uma espécie de cimento cujas propriedades se mantêm mesmo debaixo d'água, começou a ser utilizada, permitindo que a força exercida na pedra natural fosse reduzida, aumentando, portanto, os vãos das pontes.

Na Idade Média, as pontes passaram a ter uma cobertura, que se assemelha a uma cúpula, devido à grande influência religiosa da época. Outro detalhe interessante é que passaram a ser construídas para finalidades diferentes e específicas, usos militares, comerciais, residenciais, entre outros.

Os artistas do Renascimento, através de cálculos mais específicos, conseguiram trazer técnicas construtivas que proporcionaram mais leveza e estética a estas obras de arte, além de vencer vãos maiores, isso se deu com a utilização de treliças. A primeira ponte a ser construída com estas características, no século XVIII (1779), foi a "Ironbridge", primeira totalmente feita com ferro fundido que resiste até os dias de hoje, localizada em Shoropshire, na Grã-Bretanha.

A NOVA GESTÃO

Somente em 1940, com o colapso da ponte Tacoma Narrows, em Washington, nos EUA, devido ao vento de 68km/h que colocou a estrutura em balanço contínuo até a sua ruína, foi constatado que este elemento deveria ser devidamente considerado nos cálculos das estruturas. Após a Segunda Guerra Mundial, surgiram também as pontes estaiadas, aquelas estruturas que têm uma série de cabos de aço ligada ao mastro superior, proporcionando maior estabilidade e dando condições de vencer vãos realmente significativos, como no caso da ponte no Akashi-Kaikyo no Japão (1.995 m). A ponte símbolo da cidade de São Paulo hoje, a Octavio Frias de Oliveira, concluída em 2008, é a única estaiada do mundo com duas curvas ligadas ao mesmo mastro. O fato é que, mesmo depois de tanto tempo que estas pontes já vêm sendo construídas, ainda verificamos inovação aparentemente simples na forma e condições de execução.

Sendo assim, qual será o futuro das pontes? O que mais pode ser esperado como inovação?

A próxima geração de pontes, além de ser constituída a partir de materiais com mais tecnologia agregada, como o aço carbono e a fibra de vidro, será inteligente por terem condições de combater alguns problemas decorrentes de intempéries e a ação do tempo, como corrosão, abalos sísmicos, formação de gelo, entre outros. Essas pontes terão sensores instalados em suas estruturas, bem como processadores de dados, sistemas de comunicação e sinalização, para que estes problemas já sejam solucionados, como no caso do combate à corrosão através da utilização de raios catódicos que estarão instalados na própria ponte, ou imediatamente encaminhados para que as devidas providências sejam tomadas. Esta mesma tecnologia de combate à corrosão que vem se mostrando inovadora no caso das pontes já é bem difundida e utilizada nas estradas de ferro ou cascos de navios, onde se usam elementos de sacrifício, como o magnésio, para sofrer o desgaste à corrosão ao invés do elemento principal, ferro.

Como observado, a inovação realmente esteve presente ao longo dos anos na construção de pontes, como também em todos os outros setores da economia, entretanto, em grande parte da época narrada o avanço se deu a passos lentos. O oposto vem acontecendo nas últimas décadas, quando a maioria dos segmentos da economia vivenciou uma grande revolução tecnológica, como na medicina, notadamente nos centros cirúrgicos e tratamentos de saúde, na produção de automóveis, aviões, mobiliário, no desenvolvimento de tecidos e eletroeletrônicos. Mas, infelizmente, esta não é a realidade da construção civil, onde os volumes do desperdícios ainda são desconhecidos, os consumos não são controlados, o fluxo de produção é bastante desordenado e confuso, além de depender de mão de obra desqualificada e muito, muito cara.

Conhecer a necessidade certamente é o ponto de partida para se trazer ou implantar uma inovação em seu ambiente. O conhecimento e real entendimento desta necessidade faz com que o desenvolvimento da inovação seja mais claro, ajudando no domínio do processo atual. Este, inclusive, é um dos pontos muito importantes no desenho de uma inovação, pois a partir do momento que se domina o processo atual, conhecendo muito bem todos os aspectos precedentes e dependentes, sabendo dos pontos fracos e vulneráveis, identificando situações de superdimensionamento e/ou subdimensionamento, tudo fica mais simples, e avançar para o próximo ponto é praticamente natural.

Uma outra tática que é eficaz neste processo é manter a mente aberta para o obvio. Algumas vezes a solução para os maiores problemas está nas coisas mais simples. O famoso ditado "na vida nada se cria, tudo se copia" é uma grande verdade. A máquina que faz a mistura do concreto, a betoneira, nada mais é do que uma batedeira gigante, por exemplo. O João de Barro, pássaro muito conhecido Brasil, constrói suas casas com barro e galhos de árvores. Será que é uma simples coincidência a maneira como algumas pessoas construíam e ainda constroem as suas casas? Por que as tubulações hidráulicas da maioria das construções são feitas com diversas conexões, quando é possível trazer o ponto de saída de água mais próximo ao local de consumo com simplesmente uma mangueira? Esta simplificação é válida e se tornou realidade na maioria das edificações nos últimos anos.

Por vezes, alguns sistemas que já estão plenamente consolidados podem ser a inspiração para o desenho de um processo inovador dentro de outra realidade. Por que não comparar o processo de montagem de um automóvel com a construção de um prédio? Certamente existem diferenças entre as linhas de produção, apesar disso, a quantidade de semelhanças é maior.

Para o sucesso de implantação de uma inovação, seja qual for o impacto e proporção que ela tenha, a gestão de todo o processo precisa estar todo o tempo nas mãos dos líderes, e para isso indicadores são essenciais.

Indicadores são ferramentas simples e eficazes, capazes de retratar toda a realidade praticamente sem palavras. O cuidado é que eles devem ser muito bem definidos e localizados dentro do processo. Devem estar intimamente ligados e posicionados exatamente nos pontos vulneráveis, no antes e no depois, para garantir o sequenciamento correto das informações, produtos, ferramentas, permitindo assim a continuidade dos trabalhos de forma precisa.

Uma forma simples de conseguir identificar estes pontos é a segmentação do processo. Para o planejamento de implantação de uma inovação, é importante se ter o objetivo principal muito claro, porém, para que ao longo do projeto não haja frustrações, para que as pequenas conquistas sejam comemoradas, é preciso que existam metas intermediárias. Isso mantém a equipe motivada no desafio de implantar a mudança, além de ficar mais simples a proposta de pequenos ajustes e melhorias no processo.

Isso pode ser feito colocando alguns marcos, dividindo o macroprocesso em vários microprocessos, simplificando ainda mais e facilitando o entendimento do todo, além de enxergar todos os detalhes que serão totalmente responsáveis pelo sucesso ou insucesso da implantação.

Saber exatamente que tipo de ferramenta é necessário para cada uma das atividades se torna primordial. Imagine se um pintor tivesse apenas um pincel para pintar toda a sala da sua casa. Quanto tempo seria necessário para que o serviço fosse concluído? Além disso, com que qualidade ele seria executado? É bem provável que você não indicasse esse pintor aos seus amigos, mas isso necessariamente não faz dele um mau profissional, ou, se ele tivesse as ferramentas adequadas, o resultado seria melhor?

Outro ditado que se faz cada vez mais uma verdade absoluta é o que afirma que "a propaganda é a alma do negócio". Os resultados alcançados precisam e devem ser divulgados. Essa atitude, além de trazer reconhecimento e motivação à equipe, provoca as pessoas a buscarem saber mais sobre o projeto, trazendo novas ideias e propostas de melhoria, o que enriquece ainda mais e faz com que o processo entre num ciclo vicioso, de melhoria contínua, o que é o sonho de qualquer gestor.

Em poucas palavras, inovação nada mais é do que fazer a mesma coisa a partir de elementos diferentes, isto é, trazer para um ambiente conhecido uma ferramenta, um material, um processo, enfim, algo que contribua para um mesmo resultado ou similar, entretanto passando por etapas intermediárias diferentes. O que faz da inovação uma realidade ou não no seu ambiente é a forma como ela é encarada e planejada, envolvendo as pessoas certas na hora certa.

10

GESTÃO & LIDERANÇA

LIDERANÇA, UMA LUZ QUE VEM DO PASSADO

Edgard Falcão

Houve um pensador de nome Chiu Kung, nascido no norte da China, na cidade de Tsu, atual província de Shantung, provavelmente em 551 a.C., que ficou conhecido no mundo ocidental como Confúcio. Viveu 72 anos e destacou-se como professor, filósofo e pensador apesar de uma vida sem recursos. Como Jesus, Sócrates e Buda, sem nenhuma expectativa de comparação, não deixou nenhuma obra escrita, mas seus discípulos coletaram pequenos provérbios do mestre, além de diálogos, e reuniram em vários textos. Teria sido contemporâneo de Sun Tzu, o Mestre da Guerra.

O confucionismo, nome dado ao legado por ele deixado, é a base da ética empresarial de muitos países, entre eles o Japão, Coreia do Sul e Cingapura. Trata-se, segundo Ricardo Gonçalves, professor da Universidade de São Paulo (USP), de um sistema que encoraja o desenvolvimento econômico.

Conhecendo-se a obra de Confúcio, observa-se a figura do coach que ele de fato foi. Sempre presente com uma palavra desafiadora, solucionadora diante de uma dificuldade. De suas ideias construíram-se estratégias, definiram-se táticas operacionais, ajustaram-se processos decisórios para as nações, empresas e pessoas. É parte de seus princípios que a perfeição não pode ser atingida, mas a vida deve ser marcada pela busca do aperfeiçoamento.

Perguntado sobre quais seriam os princípios básicos para um bom governo, Confúcio disse: "Ele deverá prover alimento suficiente, segurança suficiente e o povo deverá confiar nele". Perguntado sobre se precisássemos prescindir de um deles, qual seria o primeiro, Confúcio prontamente respondeu: "A segurança". Se precisássemos renunciar a mais um, qual seria? Confúcio respondeu: "A alimentação, pois de fato morreremos um dia, mas sem confiança ninguém governa".

O processo de construção da liderança é longo e não permite deslizes em sua essência.

Um líder deve prover seus liderados de segurança, criando um ambiente de trabalho propício, dados precisos e o compartilhamento constante do desenrolar dos acontecimentos. Cabe ao líder facilitar as interações internas e, principalmente, as externas, mostrando sabedoria nos relacionamentos e servilidade diante das necessidades de seus liderados. O perfeito desempenho da equipe depende muito da disposição do líder em facilitar a realização de um trabalho específico de um liderado, de sua postura correta, das ações coerentes, de seu exemplo e de sua dedicação ao grupo.

Os liderados precisam ver suas necessidades básicas atendidas, suas expectativas pessoais respeitadas e apoiadas, as promessas que os motivaram nos momentos difíceis serem cumpridas. Isso é encargo inegociável da liderança. Não há uma real dicotomia entre a vida profissional e a vida pessoal, há uma interferência mútua que, se não for bem tratada, pode representar perdas em ambas as áreas. O líder deve estar próximo das pessoas para entender e apoiar quando for devido.

As atitudes tratadas nos parágrafos anteriores permitem que se sinta a confiança como a principal força motriz da liderança, pois sem ela nada se faz. Um líder desacreditado passa a agir como um comandante, deixa de ter pessoas que o seguem para ter pessoas que o temem e deixam de contribuir além do previsto, tornam-se dependentes de procedimentos, regras e se defendem por meio delas. Não há expectativa de liderança onde não há confiança.

Quando questionado sobre o discurso do líder, Confúcio se expressou destacando que, ao olharmos o líder, ele parece virtuoso; quando nos aproximamos ele é bondoso; quando ouvimos suas palavras ele é rigoroso.

A complacência, ou seja, a tendência a ceder para se tornar agradável a outrem, coloca em xeque a liderança. Uma empresa é um organismo vivo, pois é constituída por pessoas ligadas a objetivos, metas e processos sinérgicos, o que a torna susceptível a reações e problemas similares aos observados nos humanos. É função da liderança gerir as reações desencadeadas e fazer com que os resultados dessas interações contribuam para o crescimento da empresa. O líder deve ser admirado, pois, assim, as pessoas buscam se aproximar dele; ser receptivo para que queiram estar a seu lado; e rigoroso para que não caia na tentação de ser complacente.

O resultado é um fator inquestionável na avalição da liderança que representa uma dupla função: os interesses da organização diante dos colaboradores e os interesses dos colaboradores diante da organização. A hierarquia existe e as tensões entre os diferentes níveis podem ser inevitáveis. Os relacionamentos, muitas vezes, são marcados pela emoção e as organizações, como já citado, são também estruturas vivas que vão mudando à medida que o tempo passa. Liderar sempre será sinônimo de administrar processos de mudança.

O perfeito entendimento do papel que representa dentro da estrutura hierárquica constituída é condição básica para a boa liderança, associado ao conhecimento técnico genérico que permita discutir com os colaboradores, que são os técnicos por excelência, o desenrolar dos trabalhos. A comunicação profissional é importante no trato das conciliações de interesses, pois é preciso gerar as ideias e fazer com que os outros se entusiasmem com elas e, obviamente, se entusiasmar com ideias de outros.

A capacidade de tomar decisões com a consciência do ato realizado é uma competência básica das lideranças que facilita a definição da medida certa das inevitáveis mudanças.

Quando questionado sobre atitudes do líder, Confúcio se referiu a estas lembrando que quem lidera orientado pela virtude iguala-se à Estrela Polar, coloca-se no seu lugar e todas as outras estrelas se orientam por ele. Quanto mais o conhecemos, mais lhe damos atenção.

A pressão exercida sobre um líder exige que ele domine suas ferramentas, seja um artesão apresentando e organizando metas, decidindo e controlando ocorrências e colaboradores.

Mas a pergunta que permanece é: o que os líderes bem-sucedidos têm em comum? Um estudo do Instituto Gallup, comentado no livro "Primeiro quebre todas as regras", de Marcus Buckingham e Curt Coffman, apresenta um resultado surpreendente, pois os líderes bem-sucedidos trabalham de formas diferentes e, portanto, não há receitas prontas. Algumas conclusões são possíveis: os líderes bem-sucedidos são pessoas abertas ao diálogo, ao ouvir, ao planejar com rigor; sabem que sempre existirão diferenças; empenham-se ativamente; olham sempre os pontos fortes de seus colaboradores, fazendo a gestão por meio desses e possibilitam o aparecimento do talento.

Nada é tão poderoso como um exemplo. Um líder humilde é notado por seus colaboradores, que seguem seu exemplo, trabalham em equipe e elevam os ânimos. Ele deve ser visto como exemplo e, então, será a Estrela Polar a ser seguida. As pessoas seguem suas palavras e o seguem com prazer.

Quanto às ações da liderança, Confúcio falou que sempre se deve tomar a dianteira dos outros e esforçar-se mais do que eles, não demonstrar nenhum cansaço.

Não existe nenhum cartão de visita no qual esteja escrito "líder", pois a liderança é um requisito a ser conquistado, vislumbrado por terceiros e não uma constatação pessoal. Requer um prévio preparo para o que há de vir. Ao final, um líder deve ter equilíbrio para neutralizar de forma competente os obstáculos que surgem, ter potencial para sempre agregar algo mais em seu saber, firmeza de valores e resistência, fazer o que gosta na vida tornando o trabalho uma fonte de prazer, se interessar realmente pelas pessoas, ter agilidade mental decorrente da experiência e dos conhecimentos adquiridos e uma real abertura diante do novo.

Perguntado sobre o falar, Confúcio foi enfático e disse que quando estiver diante de um homem distinto pela posição e virtude, evite três erros: se você lhe dirige a palavra antes que ele lhe faça uma pergunta, é precipitação; se interrogado por ele, e não responde, é falta de clareza; se lhe fala antes de verificar se ele está prestando a atenção em você, é cegueira.

O que se fala é fruto do que vivenciamos e está consolidado em uma forma nem sempre consciente, o chamado conhecimento tácito. O homem tem uma capacidade de aprendizado muito maior do que ele pode observar de maneira consciente. Tem à sua disposição arquivos contendo tudo o que viu, leu, sentiu e viveu e esse conhecimento vem à tona sempre que somos confrontados. A capacidade de utilizar-se desse recurso varia de pessoa para pessoa e é fruto principalmente da experiência pessoal.

A liderança é uma virtude da qual todos somos detentores, sendo que, para alguns, despontam em grandes eventos e para outros em eventos menores. É, portanto, fato que todo homem é líder em ao menos um dos tantos processos que a vida coloca a sua frente, e é preciso assumir isso e tomar cuidado ao falar.

Como última colocação, perguntaram a Confúcio, parafraseando, sobre as escolhas na empresa, as preferências hierárquicas, a construção de um organograma, e ele assim falou: "Não lamente não ter um cargo, mas não ter se tornado digno dele; não sofra porque não o reconhecem, mas porque não merece ser reconhecido".

A liderança sempre será uma escolha pessoal referendada pelos que estão no entorno. Não há como se tornar um líder sem se preparar para a liderança. Este é um processo a ser amplamente estudado, sobejamente entendido e sabiamente implementado.

Estar líder e sobreviver na selva corporativa requer, antes de mais nada, atenção ao que acontece a sua volta e respeitar as regras da sociedade que é um dos conceitos cruciais do Confucionismo.

PREPARANDO LÍDERES

Edison Rios

Procurar bons líderes no mercado ou desenvolver os gestores de dentro da organização? A escassez de profissionais de alto desempenho se tornou uma questão relevante para a maioria das empresas. Por outro lado, muitos executivos se sentem pouco preparados para enfrentar novos desafios e responsabilidades impostos a cada etapa e avanço de carreira nas organizações.

Não são poucos os casos de empresas que buscam novos líderes para assumirem funções estratégicas e, para isso, recorrem ao mercado e realizam processos seletivos muitas vezes demorados. A seleção dessas pessoas para preencher posições-chave não tem sido tão eficaz quanto se espera por inúmeras razões: descompasso cultural, falta de uma rede de relacionamentos, ressentimentos por parte dos empregados atuais que desejam ou esperam o cargo e uma das situações mais arriscadas que pode resultar de um processo de contratação externo envolve pessoas que estão, ao mesmo tempo, mudando de empresas e de camadas de gestão.

Não há dúvida de que, se a empresa se deparar com uma pessoa altamente talentosa e puder recrutá-la, é o que deve ser feito. Estrategicamente, contudo, essa abordagem não se sustenta devido à escassez de pessoas altamente talentosas, pelas quais a organização terá que pagar altíssimas remunerações, sendo que elas, provavelmente, nunca se desenvolverão plenamente. Em geral, esses profissionais trocam de cargo ou de empresa com tanta frequência que têm dificuldade de concluir o que começaram. Eles não costumam ficar no mesmo lugar por tempo suficiente para aprender com os erros, dominar as habilidades certas ou adquirir a experiência necessária para um desempenho sustentado. Portanto, contratar pessoas talentosas faz sentido como tática, mas não como estratégia.

Apesar de esses profissionais poderem contribuir em muito em qualquer empresa, não há uma quantidade deles suficiente para todas as empresas. As organizações de hoje precisam de líderes eficazes em todos os níveis e em todos os locais. Portanto, esses profissionais, que podem fazer a diferença para o negócio, podem estar na própria organização. Eles só precisam ser notados pelos dirigentes. O que algumas vezes falta, nesses casos, é apenas um pouco mais de atenção para quem já atua na organização e, claro, os olhos atentos dos líderes – as pessoas mais indicadas para identificar os talentos de suas equipes, aqueles com potenciais para se tornarem futuros gestores.

Pelo consenso de especialistas em liderança, eis algumas sugestões para quem deseja identificar e incentivar colaboradores para assumirem funções de líder:

1- É importante observar no dia a dia como o colaborador se comporta diante dos seus pares e se é o tipo de profissional que busca soluções e toma iniciativas que influenciam os demais colegas de trabalho. Se houver sinergia entre o futuro líder e a equipe, ótimo. Caso a presença do autoritarismo seja observada, é um péssimo sinal.

2- Quando um gestor notar que um dos membros da sua equipe possui potencial para liderar, não custa estimular uma conversa para saber o que ele espera do futuro, para sua carreira e seus planos para o futuro.

3- Estimular a tendência do colaborador para a liderança deve ser uma constante. Para isso, por exemplo, indique leituras sobre o tema e pesquisas que abordem o tema da liderança. Quanto mais experiências e conhecimento, mais as pessoas podem contribuir para o crescimento e o sucesso das suas ideias e de seu trabalho.

4- Durante os processos de avaliação de desempenho não valorize apenas as competências dos profissionais, mas também as comportamentais imprescindíveis ao futuro líder, como assertividade, capacidade de dar e receber feedback, comunicação, condução de situações inesperadas, flexibilidade para mudanças, comprometimento, busca por evolução contínua, criatividade, conhecimentos sobre os processos internos de trabalho, capacidade para lidar com situações de estresse e pressão e capacidade de transformar situações difíceis em oportunidades de crescimento.

5- O potencial de um líder também está diretamente vinculado ao estímulo que ele tem pelo seu autodesenvolvimento. Se o profissional não espera pela empresa para se desenvolver, é sinal de que ele não se candidatou à zona de conforto.

6- No momento em que uma liderança se depara com uma situação que requer uma tomada de decisão rápida, ela pode aproveitar a situação para ouvir a opinião do futuro líder. Isso, lógico, se for pertinente que o fato seja compartilhado.

7- Um líder que assume os seus erros não mostra sinais de fraqueza, de derrota, ao contrário. Não existem pessoas que não cometam enganos e reconhecer isso é sinal de amadurecimento. Só no dia a dia é possível saber se alguém se considera ou não o dono da verdade.

8- Hoje, fala-se muito em empresa socialmente responsável e isso só é possível quando a organização conta com líderes que expressam a ética em suas ações. Pelo comportamento, a liderança conquista a confiança das equipes e isso, por sua vez, é fundamental para o sucesso do negócio.

9- Bons profissionais promovidos para cargos de liderança não são garantia de que desempenharão bem suas funções como líderes. Nem sempre um colaborador exemplar está preparado ou quer ser líder. Por esse motivo, o plano de carreira é uma ferramenta valiosa na vida da empresa e dos profissionais. Antes de dar a alguém a responsabilidade de gerir outras pessoas, é preciso manter uma conversa franca e objetiva com o colaborador sobre suas expectativas.

10- Para quem será ou já é líder, a área de Recursos Humanos precisa estruturar um programa de desenvolvimento de gestores, pois quem dá um norte às equipes precisa estar em constante processo de evolução.

Um fato muito importante e fundamental deve ser levado em consideração: as organizações promovem as pessoas esperando que tenham o conhecimento e as habilidades necessárias para dar conta do trabalho, e não o conhecimento e as habilidades para lidar com um nível específico de liderança. As empresas presumem que, se as pessoas apresentaram um bom desempenho em um cargo, provavelmente também terão um bom desempenho no próximo cargo. Ledo engano.

A cada promoção, o líder passará para um novo estágio que representa uma importante mudança nos requisitos do cargo que se traduz em novos requisitos em termos de habilidades (novas competências necessárias para executar novas responsabilidades, planejamento do trabalho, definição de tarefas, atribuição de tarefas, motivação, orientação e mensuração do trabalho dos outros), novos horizontes de tempo e modos de aplicação de tempo (novo quadro temporal que orienta o trabalho do líder, não somente na conclusão do trabalho que lhe é atribuído, como também ajudar os outros a ter um desempenho eficaz), além de novos valores profissionais (o que as pessoas acreditam ser importante e que, dessa forma, passa a ser o foco de seus esforços). Sem um processo que ajude os gestores a adotar habilidades, dedicação de tempo e valores profissionais apropriados a cada nível de liderança, nenhum tipo de treinamento ou cCaching terá grande impacto. Em consequência disso, esses líderes não apenas serão menos eficazes como as pessoas que eles gerenciam também são negativamente afetadas.

Para desenvolver uma liderança eficaz em todos os níveis, as organizações precisam identificar os candidatos à liderança, proporcionar-lhes atribuições para seu crescimento, dar-lhes feedback e orientá-los.

Talvez mais significativo seja o fato de que a falta de um desenvolvimento eficaz de talentos nas organizações contribuiu para o deficit de lideranças. Não é que as empresas tenham deixado de treinar o pessoal de linha de frente para utilizar o poder concedido a eles pela revolução da informação, ou tenham deixado de desenvolver administradores capazes de assumir a liderança local. Os problemas são mais amplos e mais profundos. Boa parte do problema é histórica. Há três décadas, quando as empresas cortavam custos para se tornarem mais competitivas, reduziam em muito o investimento no desenvolvimento de talentos. No final da década de 1990, algumas iniciativas do desenvolvimento de talentos foram retomadas e muitas pessoas em funções-chave são produtos dessa era. Porém, houve uma onda de programas de desenvolvimento sem muito conteúdo e, em consequência disso, muitos líderes nunca chegaram a ser completamente treinados ou desenvolvidos para suas funções.

No entanto, hoje, as empresas que desejam se tornar mais competitivas não analisam como custos os treinamentos para desenvolvimento de líderes, mas como um investimento contínuo e de alta prioridade, porque sabem que a liderança bem formada e preparada é o que há de mais importante numa organização. Sem ela nada acontece, por isso deve ser cultivada. Cultivar é tratar continuamente e com carinho para garantir o crescimento.

Líderes bem preparados geram crescimento organizacional, formam outros liderados motivados, têm alta produtividade e produzem com mais qualidade e com menor esforço e em menor tempo.

Para ser líder é preciso pensar em cada pessoa de sua equipe, que faça parte de sua agenda diária. Do mesmo modo como você abre seus e-mails, participa de reuniões ou almoça. Se isso não está sendo feito, a sua liderança ainda não foi desenvolvida.

Motivação de equipes, desafio da liderança

Newton Dri

A NOVA GESTÃO

Há alguns anos, quando eu estava fazendo um trabalho de consultoria para um órgão público, um gerente me perguntou como ele poderia fazer para motivar as pessoas da sua equipe, já que não dispunha de poder para demitir ninguém, e a turma trabalhava bem desmotivada. Ele imaginava que se os servidores não tivessem estabilidade poderia ameaçá-los de demissão e, com isso, fazê-los trabalhar melhor. Ele se sentia inferiorizado com relação a um gerente de empresa privada apenas por não ter este poder de demissão.

Um dos principais desafios da liderança é motivar as pessoas. Com tantos problemas que as pessoas enfrentam na sua vida, com tantas deficiências em formação, muitas vezes com baixa remuneração e metas quase impossíveis de serem alcançadas, motivar pessoas pode se transformar num obstáculo quase intransponível para um líder.

Mais do que fazer, um líder precisa fazer fazer. Precisa fazer as pessoas de sua equipe executarem seu trabalho e atingirem suas metas da melhor maneira possível. Fazer fazer de qualquer jeito é relativamente fácil, é só mandar. Qualquer chefe medíocre consegue dar ordens, mas fazer as pessoas fazerem o que tem de ser feito espontaneamente, com boa vontade e com alegria, é bem mais difícil. Fazer fazer significa motivação, e motivação significa motivo para a ação.

A motivação para a realização de um trabalho pode vir de duas maneiras: imposta de cima pra baixo, sob a forma de ordem, sujeita às sanções em caso de não execução, ou incentivada de colega para colega, de líder para liderado. O primeiro modelo é o negativo, que se utiliza do poder do cargo, e pode funcionar no curto prazo, mas no médio e longo prazos as consequências são terríveis: falta de comprometimento das pessoas, falta de espírito de equipe, desunião, estresse, falta de confiança entre as pessoas, ambiente ruim, insegurança, ódio e desrespeito ao chefe. Obviamente, os resultados alcançados com este modelo ficam longe daqueles esperados.

O segundo modelo é o positivo, usa a força e a capacidade de influenciar que um líder deve ter. Gera bons resultados em curto prazo, ótimos em médio prazo e excelentes em longo prazo. Une as pessoas, gera confiança e proporciona um ambiente de trabalho mais harmônico e prazeroso para todos. Gera clima de respeito entre gestor e subordinados, sinergia entre todos, transformando um grupo de pessoas numa equipe. Todos ganham quando a motivação é positiva, seja na forma de resultados objetivos ou na melhoria do clima organizacional.

O modelo positivo deve ser usado sempre, em qualquer tempo, circunstância, tamanho de equipe e tipo de organização, seja privada, pública ou do terceiro setor. O modelo negativo de motivação só pode ser usado em organizações privadas, nas quais as pessoas ficam sujeitas aos humores e sentimentos de um chefe. No serviço público, as pessoas têm estabilidade, e ameaças não fazem o mínimo sentido. Neste contexto, apenas a motivação positiva funciona.

A motivação positiva pode servir até mesmo como uma espécie de compensação por uma remuneração abaixo da expectativa. A pessoa ganha mal e teria tudo para estar insatisfeita, triste e desmotivada com o seu trabalho, mas, ao contrário, ela trabalha com prazer e motivada por outros fatores. Um líder motivador e inspirador, um ótimo ambiente de trabalho, um justo sistema de reconhecimento por desempenhos, ou mesmo o bom relacionamento entre as pessoas podem ser fatores importantes de motivação, capazes de compensar até mesmo um salário ruim, que muitas vezes não está na alçada do gestor.

A pergunta daquele gerente de órgão público leva a outras perguntas: será que precisamos ameaçar as pessoas com demissão para que elas nos obedeçam? Precisamos mandar ao invés de pedir? Precisamos estar sempre lembrando as consequências de um não atingimento de meta? Definitivamente, o gestor que só consegue que as pessoas façam o que ele quer pela pressão do seu cargo está na contramão da liderança. Este gestor é um chefe. Sem o cargo ele não será nada. Está na hora de rever seus conceitos e atitudes, ser menos chefe e mais líder.

Existem inúmeros casos, mesmo no serviço público, nos quais o gestor consegue motivar a sua equipe com o modelo positivo, e com isso atingir resultados excepcionais. O juiz titular da 4ª vara de Niterói/RJ, o dr. William Douglas, por exemplo, um dos autores deste livro, consegue com sua equipe resultados 30% superiores às demais varas da cidade. Como ele faz isso? O dr. William define metas de produtividade e resultados para sua equipe e trabalha muito com a motivação positiva das pessoas, fazendo-as ver que trabalham por uma causa maior, não apenas pelo salário no final do mês. Entre outras coisas simples que faz para motivar sua equipe, pratica o discurso que faz, motivando pela palavra e principalmente pelo exemplo. Como líder, não precisa ameaçar ninguém de demissão para que cada um faça o seu trabalho da melhor forma possível.

Não existe uma fórmula mágica capaz de supermotivar todas as pessoas com uma ou duas doses de qualquer coisa. Motivar pessoas não é tão fácil assim. A motivação é pessoal. Cada pessoa se motiva de um jeito diferente, e cabe ao líder descobrir o que motiva cada membro da sua equipe. Essas são algumas dicas simples para motivar positivamente as pessoas no dia a dia e transformar aquele bando numa equipe altamente motivada: converse com elas ao menos uma vez por dia; cumprimente os colegas de trabalho, subordinados a você ou não, com entusiasmo, ao cruzar com eles; cumprimente os subordinados no dia do seu aniversário; ofereça ajuda; elogie com frequência, de preferência em público (se tiver que criticar, faça sempre em particular); abuse das palavras mágicas "por favor" e "obrigado"; dê atenção às pequenas coisas do dia a dia, pois é com pequenos e sinceros gestos que se constrói um relacionamento sólido e confiável; peça, não mande; desculpe-se e admita que errou sempre que necessário; almoce com seus subordinados frequentemente; dê feedback; comunique-se com sinceridade e empatia; envolva sua equipe no estabelecimento de metas; abuse do bom humor; pratique o seu discurso e lidere pelo exemplo. Uma outra dica interessante é com relação ao tratamento. Tratar todos da mesma maneira é uma ótima forma de se indispor com todos. Trate todas as pessoas sempre de forma diferente umas das outras. Lembre-se de que as pessoas não são iguais, e, por isso, não devem ser tratadas do mesmo jeito. Algumas pessoas precisam de carinho e tapinhas nas costas, outras precisam de uma voz forte de comando. Algumas gostam de receber tarefas, outras preferem receber metas. Uns trabalham e rendem melhor em grupo, outros preferem um trabalho mais individualizado. Mais do que ser um bom tático, o bom treinador será aquele que conseguir identificar a melhor forma de tratar seus jogadores e, pelo tratamento adequado, conseguir extrair o melhor de cada um, fazendo com que o resultado do trabalho da equipe seja realmente excepcional.

Respondendo ao gerente daquele órgão público, disse-lhe que se ele só conseguisse motivar os servidores com a ameaça de demissão estava na hora dele se atualizar em técnicas de relacionamento, comunicação e liderança. Ele estava ultrapassado como gestor.

Ser líder não é fácil. Ser chefe é bem mais fácil, e era o que ele era, apenas um chefe.

Liderança servidora, amor ao próximo e a vida corporativa

William Douglas

A capacidade de liderar é um dos atributos que mais fará diferença na jornada de um profissional. Toda empresa precisa de líderes, notadamente daqueles que saibam usar seu carisma, não apenas em benefício próprio, mas para promover o negócio e a equipe. A liderança é uma das virtudes mais desejadas no mercado de trabalho atual, no qual as empresas já perceberam a diferença que faz um time coeso e motivado. A capacidade gerencial tem vários detalhes, mas nenhum é mais importante do que a liderança, e o motivo é simples: um líder encontra pessoas e as motiva. Logo, se em algum detalhe lhe falta capacidade gerencial, isto é suprido pela equipe.

Após pesquisar muito sobre o tema, concluí que um dos grandes condutores dos melhores líderes é sua capacidade de pensar mais no bem da equipe e da empresa ou instituição do que em si mesmo. E se preocupar mais com os outros do que consigo tem um nome: amar. Claro que a palavra amor parece fora de contexto em um mercado tão competitivo e onde se fala tanto em resultados, indicadores e EBITDA. Contudo, por mais que falar em amor pareça brega ou até loucura, um estudo sério da forma de agir dos grandes líderes políticos e empresariais irá revelar que agiam com valores como amor, serviço, visão, altruísmo e generosidade. A conclusão pode ser incômoda ou até assustadora, mas é correta: amar e servir fazem diferença.

Tenho obtido resultados acima da média utilizando os conceitos que aqui exponho. Eles funcionaram na minha carreira como concurseiro, juiz federal e também como palestrante. Eles funcionaram nas minhas experiências na iniciativa privada e funcionam até mesmo em um ambiente com menos ferramentas de motivação, como é o caso do serviço público. A 4ª Vara Federal de Niterói, que tenho o orgulho de liderar, tem sido a primeira colocada desde que a Corregedoria do Tribunal começou a publicar o ranking de produtividade. Mesmo tendo igualdade de meios de produção, rendemos ao menos 30% acima da média. Como tudo isso ocorre? Aplicando as leis bíblicas do sucesso, que são laicas e funcionam em qualquer lugar e para qualquer pessoa, religiosa ou não. Temos uma equipe motivada e inspirada e isso faz brutal diferença. Temos diversos líderes trabalhando em equipe, e isso muda tudo.

Liderança, nesse cenário, tem a ver com a capacidade de tratar bem e servir. Liderar é muito mais do que simplesmente comandar, ditando ordens a torto e a direito, e pressionando ou ameaçando a todos. A liderança mais eficaz é a que inspira, e nada melhor do que o amor e o serviço para alcançar isso: empatia, lealdade e inspiração. E é exatamente da falta de inspiração que as pessoas, as empresas e o serviço público mais se ressentem nos dias atuais.

Na história, temos alguns exemplos relevantes no que diz respeito a essa liderança amorosa e de serviço. Quem diria que um homenzinho pequenino e maltrapilho como Gandhi daria conta de liderar a independência da Índia? Pois é exatamente isso que ele fez. Sem tiros, nem tanques ou canhões, Gandhi suplantou o poderoso exército inglês. Ele fez isso inspirado, segundo ele mesmo conta, na liderança amorosa que Jesus exerceu. Foi justamente com uma liderança mais humana, mais preocupada com as pessoas e com os resultados imediatos de per se, que Gandhi construiu sua resistência pacífica.

Inspirado em Gandhi, o pastor batista norte-americano Martin Luther King Jr. empreendeu idêntica jornada para acabar com a segregação racial nos Estados Unidos. A Central Intelligence Agency (CIA), o Federal Bureau of Investigation (FBI) e todo o aparato militar e policial dos Estados Unidos não puderam impedir as marchas e as vitórias de um povo oprimido que, sem violência, mas com amor, disse que era a hora de mudanças. Mais uma vez, o discurso do amor e da solidariedade apareceu e venceu inimigos poderosos.

Por fim, e apenas para não fazer aqui um texto muito longo, cito um terceiro exemplo: Nelson Mandela. Sua vitória sobre o apartheid é espetacular. Mais espetacular ainda foi que ele e o bispo Desmond Tutu conseguiram evitar uma guerra civil, promovendo a reconciliação do país. Eles propuseram que antigos inimigos se sentassem à mesa, conversassem e, sim, se perdoassem. A partir desse momento começou uma nova história. Eles foram pacificadores.

Todos esses exemplos de luta por igualdade e justiça tiveram como ponto de partida as lições de Jesus. Ele sintetiza a prática dessa liderança amorosa como uma das mais importantes ferramentas do sucesso em qualquer empreitada. Amor, serviço, comunicação, compreensão, perdão e reconciliação são valores que muitos empresários e gestores pouco valorizam, mas que são comprovadamente eficazes (eu, como juiz, gosto de coisas provadas). Todos os quatro vitoriosos líderes que citei têm em comum um legado de histórias e ensinamentos sobre servir ao próximo e conduzir pessoas a um mundo melhor. Esse deve ser o objetivo do líder: servir e conduzir sua equipe e sua instituição ou empresa a um mundo melhor.

Contudo, quero citar um empresário brasileiro também. Ao prepararmos o livro As 25 leis bíblicas do sucesso, publicado pela editora Sextante e que já alcançou mais de 250 mil exemplares vendidos, eu e meu coautor, Rubens Teixeira, entrevistamos o empresário Jorge Gerdau Johannpeter. Ele, o criador do Grupo Gerdau e hoje o presidente do seu conselho de administração, compartilhou várias lições de vida que podem ser aplicadas ao mundo dos negócios. Entre elas, categoricamente afirmou que, se pudesse voltar no tempo, seguiria o conselho de ser um líder servidor. Em suma, seguiria ainda mais os conselhos de gestão de Jesus.

Ser um líder amoroso e preocupado, ao contrário do que se possa imaginar, não é algo destinado a alguns poucos mais evoluídos ou dotados de capacidade super-humana. Amar ao próximo é o ponto de partida essencial para qualquer relação interpessoal e social, não seria diferente para o mundo corporativo.

As características de um líder cobiçado pelo mercado passam por interessar-se genuinamente pelas pessoas; não se ofender com facilidade e saber perdoar quando necessário; não subestimar as pessoas, ser paciente, evitar apontar erros de forma humilhante, mas encará-los com gentileza e deferência, saber receber boas notícias, não ser egoísta, preocupar-se com as pessoas antes de com o dinheiro, e manter elevado o espírito da equipe. Outra atitude a ser desenvolvida é saber reconhecer e compartilhar os louros do êxito com a equipe e desenvolver uma relação de confiança mútua. Por fim, se fôssemos resumir tudo, um conceito extremamente simples e poderoso é "trate o próximo como gostaria de ser tratado".

Vale registrar que alguém que alcança esse patamar dispõe de qualidades apreciadas por todos, seja no plano familiar ou profissional. Isso afetará seus negócios e sua família. Quem não quer estar do lado de uma pessoa amorosa, bondosa e alegre? Quem não quer a companhia de uma pessoa generosa, justa e que vive em paz? Quem não gostaria de trabalhar, ser sócio, comprar um produto dessa pessoa ou contratar alguém com essas qualidades?

Tornar-se uma pessoa assim demanda ajustar algumas atitudes, mas vale a pena. Para fazer isso, comece logo, comece agora. Exerça sua função com excelência, mesmo que o local em que está (o cargo, a organização, a equipe) não seja o dos seus sonhos ou não valorize seus esforços. Como disse Jesus, seja "fiel no pouco" para se habilitar a ser posto em situações melhores. Valorize o que tem e trabalhe aí. Essa é a lição de Theodore Roosevelt: faça o melhor que pode, com o que tem, onde você está. Valorize as pessoas. Exercite a humildade, reconhecendo ideias e opiniões. Ame seu próximo, enfim, e utilize sua posição para servir à equipe e ao projeto que sua empresa ou instituição desenvolve. Os resultados serão assombrosos e espetaculares.

Porém, se, a despeito de todos os exemplos que citei, você ainda tiver qualquer dúvida sobre a eficiência do conceito de liderança amorosa e servidora, ouse experimentar. Faça isso por um período de tempo predeterminado ao fim do qual irá avaliar os resultados. Durante esse test drive pessoal, cuide da equipe, sirva, trate a todos como gostaria de ser tratado. Ao final, repare o que vai acontecer. Então, mande-me por favor um e-mail falando sobre os extraordinários resultados que já sei que você terá.

11
GESTÃO & MUDANÇA

Mitos & Mudanças

Edgard Falcão

Pessoas ou empresas costumam responder de formas distintas aos desafios impostos pelos mercados que trazem novas tecnologias, novos concorrentes e, portanto, novas expectativas.

Em se tratando de organizações, é possível, na busca da necessária adequação, identificar três etapas no processo de mudança. A primeira propõe uma mudança estrutural, por aquisições, fusões, contratação de consultorias para melhoria no desempenho geral. A segunda trata de uma redução de custos gerada por uma expressiva revisão de processos que permita retirar os desperdícios existentes na geração de valor aos clientes. A terceira trata de uma mudança cultural que se inicia pela abordagem do lado humano das organizações. A ordem escolhida na gestão da mudança pode ser a diferença entre o sucesso e o fracasso.

É preciso ressaltar que, apesar de os processos poderem ser desenhados e modificados, empresas serem compradas ou adquirirem outras ou receberem recursos, ainda assim são as pessoas que definem as culturas empresariais. Observa-se, então, que é preciso, juntamente com o entendimento pragmático e fluente dos números, das frias estratégias e dos volumosos bancos de dados, que também se entenda a posição das pessoas nesse contexto. Elas, ao mesmo tempo, são seres singelos, sociáveis e complexos que transferem essa pluralidade para a gestão empresarial.

É necessário, portanto, buscar o entendimento de homens e organizações, a partir dos elementos que influenciam a maneira como as pessoas pensam. Existe, na vida, uma busca incessante por controlar e otimizar o mundo e, em alguns momentos, estabelece-se o insuperável conflito de encontrar o significado para a vida.

A limitação do pensamento e da linguagem racional sob as quais a vida acontece é causadora dessa suposta desordem existencial, na qual se busca compreender de maneira significativa o mundo natural e ultrapassar os sucessivos estágios da vida humana.

Platão, em sua obra "A República", narra a situação de seres humanos acorrentados dentro de uma caverna de costas para o mundo exterior. Os homens do mundo exterior mantêm, à porta da caverna, uma fogueira acesa, de maneira que suas sombras fiquem refletidas ao fundo e também seus ruídos possam ser ouvidos pelos prisioneiros. Qual seria a realidade percebida por esses homens baseada nos estímulos recebidos pela alegoria da Caverna de Platão? Que espécie de mundo eles supõem existir fora do seu ambiente?

Na sequência, Platão pede que imaginemos que um dos homens fuja das correntes e vá para o mundo exterior, observe e volte para contar aos outros o que viu. Ele sugere que as sombras vinham de homens iguais a eles, conta sobre a natureza, as árvores, o mundo que enxergou, e conclui que eles, os prisioneiros da caverna, vivem na realidade um imenso engano. Pode haver consequências: o homem pode ser ignorado, morto ou ainda ser considerado louco e mentiroso.

A alegoria remete à ideia de que muitos seres humanos vivem num mundo de ilusão, presos a crenças erradas e preconceitos e, por isso, vivem num mundo limitado. Mas a metáfora também trata da teoria do conhecimento, do conceito de linguagem e da educação como base do crescimento pessoal.

A vida não é construída por relacionamentos com um mundo como se imagina que ele seja, mas com a interpretação da realidade criada pelos mitos. E essa circunstância remete ao entendimento do que seja um mito. Um mito não é uma lenda, que são narrativas transmitidas oralmente com o objetivo de explicar acontecimentos misteriosos ou sobrenaturais, misturando fatos reais e imaginários. Em algum momento, a lenda é explicitada, escrita e muitas vezes modificada pela imaginação dos que a contaram. Mitos, por sua vez, são narrativas utilizadas pelos povos antigos para explicar fatos da realidade e fenômenos da natureza que não eram compreendidos por eles. O mito tem como um de seus objetivos transmitir conhecimento e explicar fatos que a ciência ainda não havia explicado. O mito é gerado a partir de um fato real.

Já a criação de um mito pessoal começa nos primeiros anos de vida e é fruto de temas e dramas que, se não forem conscientemente reconhecidos, terão impacto na vida futura. Incluem-se nesse contexto o tratamento recebido na família, exposição aos estímulos positivos e negativos, sentimentos despertados, exemplos observados, características do local de nascimento, influência de amigos, desafios, vitórias e derrotas, apoio, descobertas e outras experiências vividas ao longo do tempo.

Observa-se desta forma que a vida sem os mitos comprometeria a percepção de realidade e seria caótica e desordenada, proporcionando extrema ansiedade. Acredita-se sempre que algo pode mudar. Espera-se que quando isso ou aquilo venha a ocorrer tudo será diferente, que há uma força maior que controla os acontecimentos, que não há bem que dure para sempre, nem há mal que nunca acabe. Sim, são muitas as crenças. Outro fato importante que interfere sobremaneira em nossa vida é que a sociedade ocidental está perdendo seus ritos de passagem, que por muito tempo foram elementos de transformação e permitiram que certos aspectos emocionais dificultadores do amadurecimento dos indivíduos pudessem ser abandonados ou superados nos estágios posteriores.

Somos pródigos em ritos: o baile de debutantes, a primeira comunhão para os católicos, o ingresso do bixo na universidade, deixar o lar onde se viveu, ganhar o próprio dinheiro, o primeiro emprego, o casamento, entre outras inflexões da vida.

Relembrando David Feinstein e Stanley Krippner, em "Mitologia pessoal", os mitos pessoais são modelos pelos quais os seres humanos codificam e organizam suas percepções, sentimentos, pensamentos e atitudes. Portanto, a mitologia pessoal de cada um se origina dos fundamentos do ser, sendo também resultante da cultura na qual se vive. Assim, os mitos são criados com base em fontes de informações que estão dentro e fora de cada pessoa, que vivem de acordo com tais mitos.

Os mitos estão presentes em todos os cenários da vida moderna. Aparecem, são transmitidos e identificados nos palcos, telas, canções, educação, religião, política e literatura.

Essencialmente, os mitos são um elo entre o passado e o presente. Logo, conhecimento e sabedoria acumulados são transmitidos de uma geração para outra. Cabe aos usuários desse patrimônio realizar a seleção, realinhamento, releitura e atualização constante da opção escolhida para seguir em frente.

A verdade é que, a partir dos mitos pessoais, são gerados os processos que organizam, codificam e ajustam percepções, pensamentos e ações. A negação da existência dos mitos na vida ou a baixa consciência a respeito deles pode impedir a atualização e levar a cabo ações que atuam de forma contrária às necessidades de momento, trazendo para o presente traumas, bloqueios e percepções criados em outros tempos, mas sem nenhum sentido nos dias de hoje. Assim, quanto maior a distorção, maior será o conflito gerado.

O reverso da moeda é verdadeiro. Quando há a consciência que os mitos estão presentes na vida, a mitologia pessoal é usada de forma favorável para gerar segurança, obter benefícios práticos vindos da imediata utilização do vasto conhecimento adquirido, da criativa gama de soluções advindas da maior experiência no trato com as ocorrências e a maior facilidade em gerir os problemas. Estabelece-se, então, um poderoso instrumento de fé. Conclui-se que a maior das tarefas do dia a dia é descobrir que mito cada indivíduo está vivendo. Entender esse aspecto é pré-requisito para o entendimento dos mitos organizacionais, os grandes responsáveis pelo significado das ações e, portanto, dos acontecimentos que ocorrem no interior da empresa.

Os mitos organizacionais estão, a exemplo dos mitos pessoais, associados a um conjunto de narrativas que explicam rotinas, interpretam eventos passados, delineiam situações ou vivências, diminuem a complexidade de ocorrências e a instabilidade, ajudam a criar a identidade organizacional e estabelecem valores e ideais da organização. Mesmo de forma isolada, sem a completa sustentação dos fatos, os mitos podem contribuir em muito com a gestão da empresa. Exemplificando, o mito de que a empresa é uma grande família gera, com certeza, uma melhor integração interna.

A revisão periódica dos mitos e sua consequente utilização traz como benefícios evitar as limitações técnicas e relacionais impostas por um eventual descrédito na capacidade operacional da organização em determinada área e evita também o bloqueio da capacidade crítica, que não estará restrita a elementos históricos internos ou a suposições aceitas sem contestações. Adicionalmente, diminui de maneira expressiva a geração de conformidades a valores superados, impede o enfraquecimento do processo decisório pela oxigenação dos conteúdos, e favorece que o trabalho em equipe seja efetivo em função da transparência no tratar as pessoas. Uma boa síntese é que a revisão dos mitos traz um novo olhar para tudo o que ocorre em uma organização.

O mundo em transformação gera recorrentemente mudanças nas empresas, chamadas mudanças organizacionais, que são diretamente influenciadas pelos mitos que permeiam a estrutura.

Retratando os conceitos definidos por Maria Tereza Leme Fleury e Rosa Maria Fischer em "Cultura e poder nas organizações", observam-se quatro momentos distintos vividos por uma empresa que passou por um processo de reformulação, seja um startup, aquisição, inovação tecnológica ou outro processo que introduz características de um novo início.

Num primeiro momento ocorre crescimento rápido, a lucratividade é expressiva e não há competição efetiva. A empresa vive o que se chama do "Mito do Desenvolvimento". O passo seguinte é a maturação, momento em que o crescimento é menos intenso. Ela ainda é líder, mas agora com alguma competição. Ocorre então a coesão entre o mito e a identidade da empresa, gerando o "Mito Sólido". O que ocorre depois, com muito tempo no mercado, é que a competição se acirra, há uma natural diminuição nos lucros e o antigo mito impede a mudança, gerando um conflito entre os mitos vigentes e os emergentes, quando então se observa o "Conflito entre Mitos". O derradeiro passo é a reformulação, quando ocorre a mudança da direção, reformulam-se os mitos e abrem-se, assim, novas possibilidades para materializar a "Mudança do Mito".

É preciso ter cuidado quando ocorre a mudança do mito, pois há uma forte tendência de se estabelecer uma visão eminentemente financeira que privilegia resultados de curto prazo, mas pode comprometer a vitalidade futura. Desconsiderar as pessoas, principais responsáveis pela construção dos mitos, pode gerar no futuro um grupo de colaboradores sobreviventes desmoralizados e desleais ao projeto organizacional, comprometendo expressivamente o desempenho da empresa. Por outro lado, levar adiante um projeto voltado exclusivamente às pessoas e suas circunstâncias também é uma proposta arriscada. É preciso discernimento para mesclar ações que levem as pessoas a aderir aos novos tempos alicerçados por um competente planejamento econômico implementado de forma concisa e transparente.

Assim, é natural que novos mitos organizacionais sejam criados, outros atualizados. Eles apoiarão as mudanças que ocorrerão diante da necessidade de adequação às coisas do mundo que se alteram todos os dias.

12
GESTÃO & PESSOAS

O PAPEL DAS PESSOAS NAS ORGANIZAÇÕES

Rogério Campos Meira

A NOVA GESTÃO

A Revolução Industrial completou recentemente algo em torno de 250 anos. Foi, na verdadeira acepção da palavra, uma revolução. Proporcionou uma melhor equalização da distribuição de renda jamais vista, e permitiu – igualmente – a constituição de organizações focadas na produção de bens ou prestação de serviços com eficácia e eficiência.

Uma das principais características desta revolução, tanto para as organizações quanto para as pessoas, foi o reforço do conceito conhecido como divisão do trabalho. Os chamados artesãos foram substituídos por especialistas para cada função, como produção, recursos humanos, finanças, qualidade e compras, entre tantos outros, visando à cooperação e colaboração das pessoas em tarefas específicas e delimitadas, com o objetivo de assegurar um desempenho otimizado para qualquer organização.

Esse fenômeno trouxe consigo alguns dos maiores desafios que todas as organizações, de qualquer porte, segmento ou localização, enfrentam até os dias de hoje: como recuperar – ainda que parcialmente – a chamada visão do todo dos artesãos? Como fazer com que as pessoas, independentemente de sua função, possam contribuir genuinamente para o sucesso da organização?

Diversos autores vêm buscando formas de responder a estas questões. Especialmente a partir dos anos 1910, algumas abordagens surgiram para modelar soluções a tais desafios. Em 1911, o engenheiro americano Frederick Taylor publicou sua obra "Princípios da Administração Científica". A resposta que Taylor procurava dar aos desafios das organizações estava focada no desenvolvimento e observância a procedimentos. De fato, ainda hoje, o desenvolvimento e observância a procedimentos é algo extremamente útil e vital. Porém, não é suficiente para se fazer face aos desafios de qualquer organização.

Alguns anos mais tarde, em 1916, o engenheiro metalúrgico francês Henry Fayol publicou sua obra "Administração Industrial e Geral". A resposta de Fayol aos desafios estava centrada na definição clara de responsabilidades e autoridades das pessoas, níveis de liderança, hierarquia e organogramas.

Com certeza, mesmo nos dias de hoje, tais definições são absolutamente necessárias, porém, não são suficientes para responder aos desafios modernos.

Entre 1927 e 1932, Elton Mayo, cientista social australiano, conduziu um projeto de pesquisa em uma planta industrial da Westerm Electric Company, localizada na cidade de Hawthorne, Illinois, nos EUA. As principais conclusões de Mayo foram que cada pessoa possui senso de função social e responsabilidade e, com isso, uma organização se baseia fortemente na cooperação entre pessoas. Uma vez presente essa cooperação, se integram os objetivos individuais aos organizacionais e o desempenho é otimizado. A resposta de Mayo aos desafios estava centrada na capacidade de se obter uma autêntica cooperação entre as pessoas. Em outras palavras, a eficácia e eficiência de uma organização estariam fortemente associadas a sua capacidade de integrar as pessoas em um ambiente cooperativo. Naturalmente, esse ambiente colaborativo é de grande relevância, mesmo hoje em dia, porém, uma vez mais, não era capaz de produzir uma resposta completa e suficiente aos desafios.

A partir de 1951, o biólogo austríaco Ludwig von Bertalanffy, produziu uma série de artigos que culminou na publicação do livro "Teoria Geral dos Sistemas", em 1968.

A abordagem de Bertalanffy começou a ser aplicada na administração entre os anos 1950 e 1960, integrando as teorias anteriores e buscando compreender uma organização como um conjunto de subsistemas que possuem funções e objetivos distintos e que interagem com o ambiente externo. A partir desse ponto, ainda que com certa complexidade, algumas respostas mais consistentes passam a apoiar as organizações em sua permanente busca pela eficácia e eficiência de seu desempenho.

E os desafios persistem: como recuperar, ainda que parcialmente, a chamada visão do todo dos artesãos? Como fazer com que as pessoas, independentemente de sua função, possam contribuir genuinamente para o sucesso da organização?

A síntese a partir das quatro abordagens de Taylor, Fayol, Mayo e Bertalanffy é que se faz necessário compreender efetiva e profundamente o papel das pessoas nas organizações. Qual a percepção das pessoas sobre os procedimentos? Responsabilidades e autoridades estão claramente definidas? O ambiente de trabalho estimula e contribui para a cooperação e colaboração entre as pessoas ? A organização é entendida sob uma perspectiva sistêmica? Possui uma gestão de processos?

O papel essencial e genuíno de qualquer pessoa em uma organização pode ser compreendido a partir de três perspectivas que são vitais para atingir, manter e melhorar de forma consistente o seu desempenho.

DISCIPLINA

Uma vez planejados os processos e as atividades, as pessoas devem executá-los conforme o planejado. E ponto. A disciplina em relação ao planejado, especialmente em culturas onde a criatividade e o jeitinho são muito valorizados, apresenta um paradoxo. Esse paradoxo pode ser resumido como a única forma de um procedimento ser efetivamente cumprido é se buscar, sempre, cumprir os procedimentos.

As pessoas, do alto de seu livre arbítrio, mesmo no ambiente de trabalho, fazem julgamento de valor sobre os procedimentos. E aqui surge o paradoxo. Uma vez que se avalie que um determinado procedimento não está bom, é muito complexo, não reflete os processos e se usa esta percepção como justificativa para se descumprir o procedimento. Isto, em si, já é um problema. Mas vai piorar! Uma vez que nem mesmo se busque cumprir os procedimentos, as pessoas deixam de ter condições de prover feedback aos autores para os eventuais ajustes que se façam necessários. E, com isso, se inicia um círculo vicioso e infinito que é: como os procedimentos não são bons, não são cumpridos; como não são cumpridos, os procedimentos nunca ficarão bons. Fantástico!

Ainda persiste em nossos dias a percepção de que padronização (existência de procedimentos) significa fazer as coisas da mesma maneira por anos a fio.

Já há muito tempo o aclamado ciclo PDCA (do inglês Plan-Do-Check-Act) prevê o agir após as verificações, o que pode – sem a menor dúvida – incluir mudanças em procedimentos. O conjunto de procedimentos de uma organização qualquer representa a explicitação de seu conhecimento sobre como gerir sua rotina e suas estratégias. É absolutamente natural e necessário que esse conhecimento seja vivo, portanto mutável a adaptável. Assim, disciplina não é em nada incompatível com a melhoria, com o aprendizado ou com a inovação, muito antes ao contrário!

INOVAÇÃO

O segundo papel das pessoas em uma organização é contribuir ativamente com a inovação. É na rotina das pessoas que se percebem as oportunidades.

O que é vital que esteja claro é que existem momentos para a disciplina e momentos para a inovação, para a melhoria, para o aprendizado.

É relativamente comum organizações que produzem duplo comando às pessoas.

Ao mesmo tempo em que se estimula a disciplina, se estimula a inovação. Porém, sem esclarecer quando se aplica uma e quando se aplica a outra. Exemplos típicos desses estímulos são as auditorias, no caso da disciplina, e os programas de redução de custos, círculos de controle da qualidade, kaizen, no caso da inovação.

A inovação, melhoria, aprendizado são muito bem-vindos e vitais durante o planejamento ("P" do PDCA). Durante a execução ("D" do PDCA) só se admite disciplina.

Obviamente, durante a execução das atividades de rotina, ideias surgem, a criatividade aflora. O que não se pode é admitir que nesse momento procedimentos sejam alterados de forma descontrolada.

Algumas questões para reflexão neste ponto são: até que ponto se está emitindo duplo comando às pessoas, estimulando-as em relação à disciplina e à inovação, mas sem esclarecer quando se aplica uma e quando se aplica a outra? Em que extensão as pessoas conhecem e têm à sua disposição os canais para encaminhar ideias e sugestões? Como a organização estimula e propõe desafios para que as pessoas pensem criativamente sobre como melhorar seus processos?

(SER) ANTENA

Considerando que uma organização é viva e que interage e se adapta ao meio econômico, social e político em que está inserida, é igualmente necessário que todas as pessoas compreendam seu papel como antenas a perceber fenômenos nos ambientes internos e externos e que existam mecanismos para que esse conhecimento esteja disponível ágil, adequada e oportunamente nos momentos de tomada de decisão onde tais informações sejam necessárias.

A capacidade de adaptação de uma organização está íntima e profundamente relacionada a sua habilidade de estimular e recolher tais percepções de mudanças de circunstâncias. Estas mudanças de circunstâncias incluem, naturalmente, riscos. Da mesma forma que alguns riscos representam ameaças, outros representam oportunidades a serem exploradas. Em ambos os casos, o papel das pessoas sendo antenas contribui fortemente para a eficácia e eficiência do desempenho.

Nos dias de hoje, são muitas as perspectivas de risco que devem ser consideradas, como riscos à imagem, reputação, financeiros e de responsabilidade civil. Sem antenas, sem capilaridade, é virtualmente impossível a uma organização identificar e gerenciar todos os riscos a que está exposta. Assim, quando as pessoas de fato compreendem seu papel de ser antena, a própria gestão de riscos de uma organização fica facilitada.

Em síntese, qual a resposta para os desafios como recuperar, ainda que parcialmente, a chamada visão do todo dos artesãos? E como fazer com que as pessoas, independentemente de sua função, possam contribuir genuinamente para o sucesso da organização? Com certeza isso passa por se desenvolver uma abordagem consistente para que as pessoas compreendam seus três papéis básicos: disciplina, inovação e (ser) antena.

13
GESTÃO & RESULTADOS

A CULTURA DA ALTA PERFORMANCE NA GESTÃO

NEWTON DRI

O sonho de todos os empresários e gestores é ter uma equipe perfeita, à prova de falhas e que atinja constantemente suas metas. Evidentemente, isso é uma utopia, pois equipes são formadas por seres humanos que são falíveis e sujeitos a altos e baixos, seja em desempenho, saúde, humor e ânimo, o que faz com que seus resultados nem sempre sejam os melhores.

Outra utopia da gestão é imaginar que uma equipe consiga atingir resultados excepcionais sem o envolvimento e, principalmente, o comprometimento do gestor. Não existe equipe de alto desempenho com gestor "meia-boca". O gestor excepcional (um líder) pode conseguir resultados excepcionais com sua equipe, mesmo que esta equipe seja medíocre. Porém, um gestor medíocre (um chefe) não conseguirá fazer sua equipe sequer ter bons resultados, mesmo que ela seja muito qualificada.

A primeira e indispensável condição para se criar uma equipe de alto desempenho é ter um gestor excepcional que se envolva e se comprometa, principalmente com seu exemplo pessoal de trabalho, postura e atitudes. Um gestor que tenha um discurso afinado com sua prática, que inspira e motive sua equipe mais pelo exemplo do que pelo discurso. Vale lembra que, se o discurso convence, o exemplo arrasta. Isto é o que se chama de líder.

Existem fatores e conceitos importantes a seguir para implantar e disseminar uma cultura de alto desempenho em uma organização ou em uma equipe de trabalho, colocando-a num estágio superior, principalmente com relação à conquista de resultados excepcionais.

A palavra-chave da gestão é foco. Não se faz gestão sem esse atributo. Alguns aspectos serão sempre mais importantes do que outros, e é sobre estes que o líder e sua equipe devem atuar. Quem tenta melhorar tudo ao mesmo tempo está mais perto do caos do que do sucesso. O líder deve sempre definir as prioridades, junto com sua equipe, e focar nelas a atuação de todos.

Outro ponto importante que o líder deve ter em mente: não é o conhecimento que gera resultados excepcionais. O que produz resultados é o que se faz com este conhecimento, a capacidade de colocar em prática o que se aprende. Você certamente conhece pessoas que possuem muito conhecimento, que teriam tudo para deslanchar na carreira, mas se encontram em posições bem inferiores ao patamar que poderiam estar. Também existem casos de pessoas que nem têm tanto conhecimento, mas conseguiram um sucesso estrondoso aplicando com maestria o pouco conhecimento que detinham. Aplicar o conhecimento adquirido e as habilidades desenvolvidas é fundamental para que se tenha sucesso em qualquer área de trabalho. Para um líder, isto é mais importante ainda, pois será o modelo a ser seguido por sua equipe.

Liderança, foco e capacidade de realização são fatores-chave para se ter uma equipe de alto desempenho. Além disso, a prática de conceitos básicos de gestão, pelo líder e sua equipe, é fundamental para o objetivo de transformar um grupo de trabalho numa equipe de alto desempenho.

Fazer certo da primeira vez é um desses conceitos, muito difícil de ser praticado no Brasil, pela formação e cultura do brasileiro, que tende a se contentar com o mais ou menos, de tentar levar vantagem em tudo, de não achar que precisa se esforçar tanto "para o patrão ganhar mais", de não querer parecer um "puxa-saco" do empregador. Pessoas que se preocupam em sempre fazer bem feito, superando as expectativas com seu trabalho, precisam e devem ser mais valorizadas, seja financeiramente ou com outro tipo de reconhecimento, pois naturalmente serão mais produtivas e gerarão melhores resultados para o negócio.

Outro conceito fundamental que precisa ser praticado é o de foco no cliente, entendendo este cliente como todas as partes e pessoas que se relacionam com o negócio, estejam fora ou dentro da empresa. Ou seja, os clientes (externos e internos), os acionistas (investidores), a própria equipe e a comunidade onde o negócio está inserido. Esses públicos são também chamados de stakeholders ou partes interessadas. Normalmente este conceito de atender as partes interessadas é escrito num quadro bonito, no hall de entrada das organizações. Com alguma frequência, a mensagem está dissociada da forma como os colaboradores tratam os clientes nos momentos da verdade (todos aqueles momentos em que o cliente tem uma ação ou intenção de contato com a organização).

Foco no cliente acontece quando todos na organização atendem os clientes em todas as suas necessidades, se possível superando suas expectativas. Ter foco no cliente, na prática, é entregar para todos os clientes um produto ou serviço que tenha uma qualidade intrínseca (durabilidade, beleza, design, ambiente etc.), um custo e um atendimento que atenda suas expectativas. Se algo mais puder ser entregue, então isto vai fazer toda diferença e cativar definitivamente este cliente.

Tomar decisões baseadas em fatos e dados é outro conceito fundamental para uma boa gestão. Gerenciar é medir, é controlar. Quem não mede não gerencia. As medições fornecem as informações que o líder necessita para tomar decisões. O processo de tomada de decisão é um dos mais delicados para um líder, e um dos mais decisivos para o atingimento de resultados. O líder que não decide analisando todas as informações disponíveis provavelmente vai tomar sua decisão baseada em humor ou sentimento, e assim estará muito próximo do erro. Num mundo de pressões por resultados e prazos cada vez mais apertados, o líder muitas vezes é induzido a tomar decisões sem uma análise mais profunda de todos os dados disponíveis, com isso potencializando as chances de uma decisão equivocada. Praticar este conceito – decisões com base em fatos e dados – dá consistência à gestão e motiva todos a cada vez melhorar mais, principalmente se as informações sobre resultados também são compartilhadas com a equipe. Praticar este conceito é estabelecer metas em conjunto, comunicar a todos os resultados alcançados pelo trabalho da equipe, e analisar em conjunto os desvios acontecidos. Se necessário, fazer planos de melhoria, também em conjunto com a equipe. Envolver a equipe no estabelecimento das metas e na análise dos resultados ao longo do caminho é uma excelente maneira de motivar pessoas. Ou seja, a participação de todos é um conceito importante a ser praticado quando buscamos transformar um grupo de trabalho numa equipe de alto desempenho.

Qual é a primeira pergunta que é feita quando algo errado acontece no ambiente de trabalho? Se você respondeu "Quem foi?" acertou a resposta, mas errou a pergunta. A resposta correta é "Por quê?" A atuação de um líder em caso de problemas – falhas, erros ou resultados indesejados – deve ter como foco a causa dos problemas, e não os culpados por eles. Um líder que persegue culpados em vez das causas dos problemas apenas garante que os problemas acontecerão novamente e que o moral da equipe vai ser abalado. Se esta atitude se repetir constantemente, o moral da equipe vai cair tanto que logo não haverá mais equipe, e sim um bando de gente acomodada esperando receber ordens, pois sabem que as iniciativas que forem tomadas e resultarem erradas serão punidas. Outro cuidado que o líder deve tomar é de não se deixar levar por soluções mais simples e rápidas, e que resolver definitivamente os problemas, atacando suas causas, em vez de atuar sobre seus efeitos, faz com que os problemas não se repitam. A prática deste conceito é importantíssima para que se tenha sempre uma evolução na qualidade e nos resultados de qualquer trabalho.

A evolução nos resultados se traduz na melhoria contínua que se dá quando se pratica os conceitos descritos e se utiliza um método adequado de trabalho. O melhor método de gestão ainda é o PDCA, pelo qual tudo é planejado em conjunto – pelo líder e a equipe, os planos são realizados e controlados, e se os resultados não estiverem de acordo com as metas estabelecidas no planejamento, faz-se uma análise da situação e toma-se uma ação de correção. Repetindo constantemente o método, alcança-se a melhoria contínua.

Uma equipe de alto desempenho é forjada pela prática dos conceitos fundamentais de gestão, pela busca da melhoria contínua, o uso de ferramentas de gestão adequadas a cada situação ou necessidade, conduzida por um líder com foco, capacidade de realização e discurso alinhado com sua postura e atitudes.

Se todos na organização, líderes e liderados, praticarem esse conceitos, aplicarem o método PDCA e utilizarem ferramentas de gestão, enfim ela terá a cultura de alto desempenho implantada e resultados cada vez melhores.

14
GESTÃO DE VENDAS

Gestão de Vendas

COMO ACELERAR O DESEMPENHO DA FORÇA DE VENDAS E VENDER MAIS

Fabiano Brum

Há tempos a profissão de vendedor deixou de ser uma ocupação para pessoas despreparadas ou que encontravam nesta atividade a única alternativa para quem não possuía escolaridade ou qualificação para trabalhar em áreas de maior exigência técnica.

Durante anos, as equipes de vendas recebiam pouco ou nenhum acompanhamento e treinamento por parte das diretorias e gerências de vendas. Tudo o que se queria saber era se os vendedores estavam batendo suas metas e cumprindo suas cotas de vendas. Acreditava-se que o bom vendedor já nascia pronto e boa lábia, comportamento expansivo e saber contar piadas eram tidas como características essenciais para se ocupar um lugar na força de vendas de uma empresa.

Atualmente a área de vendas está cada vez mais profissionalizada e recebendo atenção redobrada de seus gestores, pois as empresas perceberam que, se as vendas não vão bem, nada vai bem. E que, quando a equipe de vendas está afinada e os resultados estão ocorrendo com lucratividade, todos os demais setores ganham fôlego e a empresa aumenta sua capacidade de crescimento.

A moderna profissão de vendas requer um vendedor que pense em si mesmo como um profissional de vendas que resolve problemas. Isto requer uma concepção filosófica, um estado mental que conduz a um comportamento eficaz em vendas quando se consegue estabelecer e manter uma posição favorável aos olhos dos clientes, criando um ambiente de vendas em relação ao qual todos os esforços dos concorrentes serão julgados.

Nesse contexto, vender é uma arte e uma ciência. Como arte, utiliza o estilo e a personalidade para a realização de um potencial que distingue o bom vendedor como uma pessoa única. Como ciência, busca resultados mensuráveis e exige uma implementação estudada e criteriosa de habilidades, metodologias, técnicas e conhecimentos.

Como profissão, o que ainda se vê são vendedores que têm dificuldades em manter uma discussão inteligente e profunda com seus colegas por carecerem de um vocabulário preciso e consistente, o que frustra as tentativas de se empreender pesquisas nesta área para descobrir e estudar a riqueza dessa ciência de transações humanas altamente elaboradas.

Nesse sentido, a fibra emocional é um requisito primordial para o vendedor. Nenhum outro campo de atividade requer a capacidade de ajustar-se a tão ampla gama de variações emocionais - da euforia de fechar um negócio à depressão psicológica da rejeição. A profissão de vendas exige, assim, a capacidade de lidar com a tensão e o sofrimento da rejeição, bem como a capacidade de responder inteligentemente sob a pressão de uma derrota pessoal. Vendedores que não são dotados de prontidão mental para reagir à tensão e que sofrem de insegurança pessoal abandonarão a profissão por absoluto desespero e sensação de derrota.

Vender é uma ciência que requer um profundo conhecimento e compreensão da natureza humana: o vendedor tem de entender o cliente, mas o cliente não precisa, necessariamente, entender o vendedor. Por esse motivo, o vendedor tem que assumir a liderança e orientar o relacionamento para um desfecho benéfico para ambas as partes.

O sucesso na profissão de vendas requer que os vendedores adotem comportamentos que favoreçam a realização do potencial humano, incluindo sacrifício pessoal, esforço, determinação, persistência, coragem, dedicação, paciência e desejo de servir. Requer também que os vendedores tenham vontade de aprender, praticar e implementar modelos de processos de vendas que favoreçam o desenvolvimento de habilidades de relacionamento de negócios necessários para identificar as necessidades do cliente, fazer apresentações de vendas que levem à compra, superar objeções e assegurar fidelidade comercial em longo prazo.

Nessa direção, a atividade de vendas compreende dois conjuntos inter-relacionados de ações estratégicas: a venda técnica e a venda interpessoal.

A venda técnica trata do trabalho de diagnosticar as necessidades do cliente e aplicar o conhecimento, experiência técnica e recursos para atender essas necessidades. A venda interpessoal envolve as atitudes e comportamentos que constroem uma relação com base na confiança. Em outras palavras, busca conquistar a confiança do cliente e a aceitação de suas soluções porque o cliente sente que o vendedor se preocupa com ele e quer ajudá-lo.

Assim, é lógico assumir que a venda técnica anda de mãos dadas com a venda interpessoal, e que um posicionamento otimizado de vendas é prejudicado se essas duas responsabilidades estiverem em desequilíbrio.

Vender, assim como em outras áreas competitivas, busca ocupar uma posição mais favorável ou influente perante o tomador de decisões para ser bem-sucedido em atingir os objetivos comerciais. Em consequência disso, os vendedores que estabelecem e mantêm uma posição diante do cliente incrementarão sua capacidade para influenciar esse cliente e se tornar a única escolha em seu processo de tomada de decisão.

Isto requer uma concepção filosófica, um estado mental que conduza a comportamentos eficazes em vendas. Quando vendedores são bem-sucedidos em estabelecer e manter-se em uma posição favorável aos olhos de seus clientes, criam um ambiente de vendas em relação ao qual todos os esforços dos concorrentes serão julgados. Quando fazem todas as coisas certas antes, durante e depois do contato com o cliente, seus produtos ganham atenção porque conseguiram influenciar seus clientes para que percebam suas soluções como sendo a escolha correta. Quando isto é alcançado, os vendedores terão posicionado favoravelmente seus produtos e também os seus nomes na mente de seus clientes.

O desequilíbrio entre venda técnica e venda interpessoal gera impactos sobre os esforços dos vendedores para atingir uma posição de vendas otimizada. A venda técnica representa uma forte inclinação de orientação para o processo, o que é demonstrado por uma tendência em identificar problemas e por atividades de busca de soluções. Sugere um desejo de aprofundar-se, envolver-se tecnicamente e identificar todos os aspectos relativos ao problema. Também inclui pesquisas, desenvolvimento e a proposição de métodos concretos para resolver os problemas do cliente.

Caso os vendedores estejam preparados tecnicamente para identificar o problema e propor uma solução, mas não sejam sensíveis em relação aos clientes como pessoas que têm sentimentos e necessidades a serem atendidas, perderão uma grande oportunidade de causar impacto.

A venda técnica baseia-se na habilidade analítica e no conhecimento para se prestar o serviço, sem o reconhecimento das habilidades requeridas para construir relações humanas. Venda técnica sem responsabilidade interpessoal significa manter baixo envolvimento pessoal e tentar manter o relacionamento em nível estritamente comercial e profissional.

Os vendedores que são mais voltados e focalizados para a parte técnica, a ponto de subestimar a importância de atividades que desenvolvam o relacionamento, têm uma tendência a operar em ambientes limitados, com oportunidades limitadas. Estes vendedores dedicam muita energia para analisar o problema e propor soluções que posicionar-se no relacionamento com o cliente torna-se secundário, limitando, portanto, seu grau de influência. Em muitos casos, em função de seu foco humano limitado, os vendedores estritamente técnicos deixam de perceber as oportunidades que alavancariam o relacionamento com o cliente. Isso os isola do apoio de longo prazo de que precisam para garantir total comprometimento com as soluções que desenvolveram. Lamentavelmente, os vendedores estritamente técnicos, normalmente, estão mais preocupados e satisfeitos em solucionar problemas do que em assegurar oportunidades para obter negócios.

A venda técnica, na sua forma mais restrita, está isenta de qualquer responsabilidade emocional, minimiza a importância de se conhecer os clientes e desenvolver um relacionamento pessoal. Embora os problemas possam ser resolvidos, os clientes podem se sentir subestimados e negligenciados como seres humanos. Uma abordagem muito impessoal do relacionamento tende a causar distanciamento e gerar alienação que resulta no favorecimento de outros fornecedores por parte dos clientes. Os clientes cujas necessidades interpessoais não estão sendo atendidas poderão avaliar o desempenho dos vendedores técnicos buscando encontrar deficiências que, se identificadas, possibilitam que os vendedores sejam substituídos por outros fornecedores que possuam maior capacidade para relacionamento e que possam gerar soluções técnicas de maneira humana e sensível.

A venda interpessoal representa a preferência pelas atividades que desenvolvem o relacionamento. O enfoque interpessoal concentra-se na construção de uma relação de negócios baseada na dinâmica de se atingir o status de favorito diante dos clientes porque estes têm uma sensação de identificação pessoal com os vendedores. Enquanto as atividades de criação de identificação são essenciais para o crescimento e a durabilidade do relacionamento, os vendedores que baseiam seus esforços de vendas somente em atividades interpessoais, e negligenciam envolver-se suficientemente na solução dos problemas, limitam perigosamente sua posição no relacionamento.

Assim como a abordagem técnica se restringe à solução de problemas, o foco exclusivamente interpessoal é também fortemente limitado. Esses vendedores tendem a restringir seus contatos às pessoas que gostam deles e deixam de analisar oportunidades técnicas. Existe uma preferência para visitarem clientes que apreciam amizade e negligenciam a discussão de negócios e assuntos de trabalho. Na maioria dos casos, os vendedores estritamente focalizados nos aspectos interpessoais conhecem pouco os produtos que vendem, assim como têm baixo entendimento do negócio dos clientes e da potencial necessidade para seus produtos. Pelo fato de terem competência técnica limitada, não possuem recursos para atuar no campo, pois geralmente não sabem a respeito do que estão falando. Sua capacidade de influenciar os clientes é reduzida. Vendedores que carecem de confiança na sua competência técnica procurarão ambientes de vendas emocionalmente seguros, onde se sintam socialmente aceitos. Lamentavelmente, este tipo de vendedor estará tão focado interpessoalmente que suas responsabilidades técnicas ficarão relegadas a segundo plano e não conseguirão realizar muito em longo prazo. Quase nunca fazem algo em termos de identificar os problemas e satisfazer as necessidades dos clientes. Mas os clientes sabem o que querem e podem enxergar através das tentativas dos vendedores para envolvê-los pela amizade.

Em síntese, uma abordagem otimizada e a capacidade para influenciar favoravelmente os clientes requerem um foco múltiplo. Os vendedores bem preparados reconhecerão a necessidade de combinar ambas as responsabilidades – técnicas e interpessoais. Os vendedores influentes farão um esforço para relacionar-se autenticamente com os clientes, procurando conhecê-los como pessoas, associado a uma busca para identificar e habilmente apresentar soluções para seus problemas. O resultado é a formação de um relacionamento que habilita os vendedores para influenciar mudanças e gerar maior produtividade.

Os vendedores influentes veem a realização de suas conquistas à medida que prestam uma contribuição para as necessidades interpessoais e técnicas dos clientes. Ao manterem esta postura profissional no relacionamento, podem atingir seu melhor nível de desempenho e se tornarem top of mind para seus clientes quando estes pensarem nos melhores vendedores que conhecem.

Apresentação dos Autores

Alessandra Busato

Advogada formada pela PUC-RS. Tem experiência na área de contratos, responsabilidade civil e business law. Iniciou sua carreira nos mais conceituados escritórios de advocacia do país, tendo sido nomeada diretora para Assuntos Legais da Sociedade Brasileira de Teletrabalho e Teleatividades (Sobratt), em 2008. Atualmente divide suas atividades entre a sociedade da Vernier & Busato Consultoria e a Diretoria Jurídica da Prime Solution Group Soluções Empresariais. Com atuação voltada também para o empreendedorismo feminino, é integrante da Confraria do Batom e Colunista do Empreendedorismo Rosa e Mulher Capital. Representante da Comissão de Diversidade Sexual da OAB-RS, autora de vários artigos e palestrante em suas área de atuação.

Alexandre Garcia

Diretor da Resultare Consultoria. Doutorando em Administração na Universidade do Vale do Rio dos Sinos (Unisinos), mestre em Administração pela Unisinos, com estudos na área de gestão da inovação, especialista em gestão empresarial e bacharel em Economia pela Universidade Federal do RS (UFRGS). Consultor, palestrante e professor de pós-graduação nos temas de inovação, estratégia, gestão empresarial, empreendedorismo, planejamento, gestão do conhecimento e tópicos emergentes da gestão. Entre 2001 e 2010 atuou como consultor associado da Qualitin, desenvolvendo projetos de consultoria em diversas empresas, dos mais variados portes e setores, em várias regiões do Brasil. Em 2011 e 2012 participou do grupo que lançou o Prêmio de Inovação do RS do Programa Gaúcho da Qualidade e Produtividade (PGQP), do qual foi juiz nesse período. Tem publicado artigos e participado de debates sobre temas ligados a inovação, competitividade, internacionalização, competências e compras coletivas. Entre os veículos e editoras nos quais publicou artigos estão a revista Melhor RH, da Associação Brasileira de Recursos Humanos (ABRH), editora Artmed, Revista SINCOMAVI-SP, revista eletrônica Intelog, Correio do Povo, Jornal do Comércio e revista da Associação Gaúcha de Supermercados (AGAS-RS). É diretor da Enfoque Palestrantes.

Edgard Falcão

Consultor nas áreas educacional e empresarial, professor de pós-graduação, palestrante e articulista. Estudioso do mundo da gestão, é engenheiro pela Escola de Engenharia Mauá (IMT), especialista em Administração pela Universidade São Paulo (FIA/USP) e Marketing pela Fundação Getúlio Vargas (FGV-SP). Tem histórico profissional de sucesso decorrente principalmente de sua habilidade na gestão de pessoas. Foi engenheiro de campo na área de Prospecção de Águas e Perfuração de Poços, executivo do mercado de autopeças e montadoras de automóveis no momento de competição extrema durante o dramático crescimento do setor ao final do século XX e por dez anos, entre 2004 e 2014, atuou como executivo estatutário dos Grupos Anhanguera Educacional e Kroton Educacional, que se tornaram, em 2014, a maior empresa de educação do mundo em valor de mercado. É diretor da Enfoque Palestrantes.

Edison Rios

Empresário, administrador de empresas, formado em Marketing de Serviços pela Fundação Getúlio Vargas (FGV), consultor especialista em marketing de relacionamento, líder-coach, conferencista empresarial nas áreas de motivação, qualidade de vida, segurança no trabalho, comportamento humano e trabalho em equipe. Atua no segmento empresarial desde 1990 nas áreas de motivação, segurança do trabalho e qualidade de vida. A partir dos anos 2000 se especializou também nas áreas de formação de líderes e atendimento ao cliente. Com a experiência adquirida nesses segmentos, tem preparado profissionais para desenvolverem suas competências, gerando melhor liderança, produtividade, qualidade, segurança e crescimento profissional e pessoal.

Everton Lopes

Primeiro educador financeiro gaúcho, diretor da Money Sul Educação Financeira. Economista formado pela Universidade Federal do RS (UFRGS), com MBA em Finanças pela Fundação Getúlio Vargas (FGV). Especialista em finanças pessoais e investidor. Foi vice-presidente e Coordenador da Comissão de Educação Financeira do Conselho Regional de Economia da 4ª Região (CORECON-RS). Colaborador dos principais meios de comunicação do RS e do Brasil, autor dos livros "Seu Bolso no Divã" e "Do Economês para o Português: um guia prático de finanças pessoais", primeiro livro sobre finanças pessoais no formato pocket publicado no Brasil. Tem a sua formação voltada para a gestão financeira e gestão de qualidade de vida das pessoas, estimulando a potencialidade e facilitando o entendimento sobre a excelência humana no desenvolvimento de hábitos inteligentes e produtivos. Suas palestras e cursos de treinamento profissional fazem parte de um processo que gera mudança comportamental e serve como um poderoso ingrediente para formar, informar e motivar as pessoas a alcançarem resultados sensacionais na vida financeira pessoal e profissional. Tem como objetivo principal provocar reflexão e mudança nas atitudes quando o assunto for relacionado ao dinheiro.

Fabiano Brum

Escritor e palestrante nas áreas de motivação, vendas, liderança e empreendedorismo. Graduado em Ciências Contábeis, pós-graduado em Gestão Empresarial, vem se destacando em todo o Brasil pela maneira inteligente e criativa com que alia seu conhecimento musical aos temas de seus treinamentos, tornando-os dinâmicos, motivadores e altamente participativos. É autor do livro "Afinando para o sucesso: motivação, carreira e marketing pessoal", coautor de livros nas áreas de gestão, vendas, motivação e Coaching. Diretor da Brum Desenvolvimento Profissional.

GEOVANA DONELLA

Bacharel e licenciada em Matemática, pós-graduada em Administração Industrial pela Universidade São Paulo (POLI-USP), com MBA em Gestão de Franquias pela Universidade de São Paulo (FIA/USP). É CEO e fundadora da Donella & Partners, conselheira de administração e consultora especializada em governança corporativa e gestão de empresas. Vice-presidente do Board Advisory da Odgers Berndtson, membro do Conselho de Administração da Suhai Seguros, membro do Board da Enactus-Brasil/Insper-SP e conselheira do Instituto Gerando Falcões. Atuou como presidente do CelLep, Chief Operation Officer (COO) do Grupo Multi Holding (atual Editora Pearson) e superintendente da Alcoa Alumínio, tendo participado do Conselho de Administração durante o período de atuação na Multi e no CelLep. Exerceu o cargo de professora titular do Departamento de Matemática da Fundação InstitutoTecnológico de Osasco. Atuou em cargos de alta direção e foi executiva em companhias nacionais e multinacionais. Atualmente é membro do Instituto Brasileiro de Governança Corporativa (IBGC), do qual fez parte da 40ª turma de conselheiros, e onde é professora do Curso de Conselheiros de Administração. Mentora da Liga Empreendedores Insper, membro do Lide Mulher e Lide Futuro. Palestrante e fonte de informação sobre os temas de governança corporativa, administração, planejamento estratégico, empreendedorismo, liderança, gestão de franquias, sucessão em empresas familiares e diversidade nos conselhos de administração.

Jerônimo Lima

Doutor em Administração de Empresas pela Universidade do Vale do Rio dos Sinos (Unisinos), mestre em Administração de Empresas pela Pontifícia Universidade Católica do RS (PUC-RS), bacharel em Ciência da Computação pela Universidade Federal do RS (UFRGS). Atua como conselheiro, consultor, instrutor e palestrante em empresas de porte e expressão internacional em projetos relacionados a estratégia, cenários prospectivos, modelos de gestão, desenvolvimento de lideranças, gestão do conhecimento, empreendedorismo, inovação e tecnologia da informação. Foi diretor de Ensino da Associação dos Dirigentes de Vendas do Brasil (ADVB-RS), Chairperson de Gestão do Conhecimento da Câmara de Comércio Brasil-EUA (AMCHAM-RS), presidente do Comitê Setorial das Empresas de Consultoria da AQRS - Associação Qualidade RS (PGQP), vice-presidente da Sociedade Brasileira de Gestão do Conhecimento (SBGC) e coordenador dos MBAs de Gestão do Conhecimento Organizacional, Gestão de Negócios e Tecnologia da Informação e Gestão de Processos de Negócios da Unisinos. É diretor de Desenvolvimento Profissional da Associação Brasileira de Consultores (ABCO). Autor dos livros "Coisas boas vão acontecer" e "Judiciário Qualidade Total". CEO da Mettodo - Reflexão Estratégica. É diretor da Enfoque Palestrantes.

João Batista Ferreira

Palestrante nacional e internacional, é autor em diversas publicações especializadas em negócios voltados para o consumo e dos impactos criados pela sociedade hiperconectada. É CEO da J2B Human Business & Innovation, consultoria de Inovação com foco na jornada do consumidor e nos processos de decisão de compra. João Batista atua no fomento de ambientes em rede de pessoas, grupos think tank no segmento do luxo, branding, varejo e serviços. Engenheiro de formação, com curso na Universidade Sorbonne, França, foi titular de indústria nos anos 80, trabalhou na ONU como diretor geral da ECO 92, como membro ativo da National Retail Federation (NRF) e do International Council of Shopping Centers (ICSC), ambos nos EUA. É membro do board e professor da Escola de Inovação em Serviços (Eise). Tem sido reconhecido como ativista entre os inovadores de nosso tempo.

José Ruy Gandra

Formado em Direito pela USP e História pela PUC-SP, Gandra é um jornalista com passagens marcantes pelo jornal Folha de S.Paulo e pelas revistas Veja São Paulo, Exame, Playboy, VIP, Viagem & Turismo e National Geographic Brasil, entre outras que editou ou dirigiu. É um observador admirável da alma, do comportamento e das relações humanas. É também autor do best seller Coração de Pai – Histórias sobre a arte de criar filhos. Nele, narra os impactos e transformações que a paternidade trouxe à sua vida. Suas palestras analisam, sob vários prismas, duas convergências – aquela entre os valores familiares e corporativos e a intersecção, nem sempre producente, nas empresas brasileiras, da mentalidade latina com um modelo organizacional predominantemente anglo-saxão.

Marcello Beltrand

Mestre em Administração (Unisinos), jornalista (UFRGS) e pós-graduado em Marketing (ESPM-RS). Participou da fundação do Programa Gaúcho da Qualidade e Produtividade (PGQP) e coordenou a criação da marca do Movimento Brasil Competitivo (MBC). Atuou em projetos de consultoria nas empresas Chevrolet do Brasil, Toyota do Brasil, Grupo Gerdau, Dana, Suspensys e Grupo RBS. Desenvolveu programas de comunicação interna no Ibravin, Grupo CEEE e Fiergs. Atuou na formulação do modelo de gestão das prefeituras de Porto Alegre, Novo Hamburgo e Recife. Desenvolveu projetos de planejamento participativo para o Sebrae-RS, BRDE, Senar-RS, Sulpetro e Sindicato dos Engenheiros (SENGE-RS). É professor convidado em diversos cursos de MBA. Integrou a missão técnica à montadora Saturn (GM), no Tennessee (EUA), para conhecer o modelo de fidelização de clientes. Organizador e editor dos livros "Cooperar para competir", do MBC, e Sebrae-RS, "Porto Alegre, uma visão de futuro" e "Vidas de qualidade: 20 anos do PGQP". Participou da criação do Conselho de Desenvolvimento Metropolitano do Governo do Estado do RS. Tem artigos publicados nas revistas Exame e Distribuição e nos jornais Zero Hora e Gazeta Mercantil. Foi vice-chairman do Comitê de Marketing da Câmara de Comércio Brasil-EUA (AMCHAM-RS) e diretor de Marketing da Sociedade Brasileira de Gestão do Conhecimento (SBGC-RS).

Newton Dri, o Dr. i

Engenheiro Civil com especialização em Administração e Marketing Esportivo. É empresário, consultor organizacional, instrutor de cursos e palestrante inspiracional, atuando também como professor universitário em cursos de pós-graduação. Diretor da Academia Qualitin, área de capacitação da Qualitin - Metodologias de Gestão. Ex-executivo de empresas como Encol, IBM, Sesc, SOGIPA e Esporte Clube Juventude. Autor do livro "A liderança no reino da Caolhândia: o método de liderança do Dr. i transformando chefes em líderes". É diretor da Enfoque Palestrantes.

Patricia Falcão

Consultora na área de supply chain da construção civil e palestrante. Especializada na área de logística de obras de edificações comerciais e residenciais, é engenheira civil pela Universidade Estadual de Campinas (Unicap) e especialista em Administração Hospitalar pela Fundação Getúlio Vargas (FGV-SP). Tem histórico profissional de sucesso decorrente principalmente de sua habilidade na implementação de novos processos. Atua nas áreas de orçamento, planejamento, projetos, suprimentos, execução de obras e desenvolvimento de novas tecnologias, em construtoras renomadas do País, onde teve a oportunidade de colocar à prova muitas teorias e tecnologias novas para o segmento, deixando um legado que inspira o futuro.

Rogério Campos Meira

Engenheiro Mecânico pela Pontifícia Universidade Católica do RS (PUC-RS), mestre em Gerenciamento da Qualidade pela Ensam (França), e cursos de especialização na Argentina, EUA, França, Japão e Inglaterra. Tem ampla vivência voltada à área de operações, que inclui experiência e exposição/interação multicultural internacional. É Leading Professional in Ethics & Compliance pelo Ethics & Compliance Initiative (ECI), detentor de certificações pela American Society for Quality (ASQ) e pelo Business Resilience Certification Consortium International (BRCCI). Atuou como examinador e examinador sênior do Prêmio Nacional da Qualidade (PNQ), juiz do Prêmio Qualidade RS e juiz do International Team Excellence Award (ITEA), dos EUA. É diretor executivo da ATSG – Academia Tecnológica de Sistemas de Gestão, diretor da Qualidade da Associação do Aço do RS (AARS) e membro da Comissão Técnica do Sistema de Avaliação da Gestão do Programa Gaúcho da Qualidade e Produtividade (PGQP).

Rosélia Araújo Vianna

Relações Públicas e Mestre em Comunicação Social pela Pontifícia Universidade Católica do Rio Grande do Sul (PUC-RS), especialista em Administração e Marketing Estratégico pela Universidade de Ciências Econômicas (UCES), da Argentina. Formada em Organizational Ombudsman pela International Ombudsman Association (IOA), dos EUA. Atuou como executiva em empresas públicas e privadas nas áreas de comunicação organizacional, ouvidoria e responsabilidade social empresarial. É examinadora de prêmios estaduais e nacionais de gestão pela qualidade e sustentabilidade. Assessora a implantação do sistema de ouvidoria em órgãos públicos e empresas privadas. Ministra cursos de capacitação em ouvidoria desde 2002, tendo atendido organizações de todo o Brasil. É sócia-diretora da Gênese Social Consultoria em Sustentabilidade.

William Douglas

Juiz federal no Rio de Janeiro, professor universitário e escritor. É bacharel e mestre em Direito pela Universidade Federal Fluminense (UFF/UGF) e pós-graduado em Políticas Públicas e Governo pela Universidade Federal do RJ (EPPG/COPPE/ UFRJ). Tem mais de 40 livros publicados, com mais de um milhão de exemplares vendidos, entre os quais "As 25 leis bíblicas do sucesso" e "Como passar em provas e concursos". A 4ª Vara Federal de Niterói, na qual é juiz titular, está em primeiro lugar no ranking de produtividade realizado pela Corregedoria do Tribunal Regional Federal da 2ª Região (RJ/ES). Ganhou diversos prêmios relativos à gestão e é convidado a apresentar seu modelo em órgãos públicos, desde o Supremo Tribunal Federal a instituições militares.

Enfoque Palestrantes
DIVERSIDADE&CONTEÚDO

Referências Bibliográficas

AABI e FEBRABAN, Comitê. Função de Compliance.

ALVES, Rubem. Entre a ciência e a sapiência: o dilema da educação. 21ª ed. São Paulo: Loyola, 2010.

ARGYRIS, Chris. Maus conselhos: uma armadilha gerencial. Porto Alegre: Bookman, 2004.

BERTALANFFY, Ludwig von. Teoria geral dos sistemas: fundamentos, desenvolvimento e aplicações. Rio de Janeiro: Vozes, 2008.

BROWN, Tim. Design thinking: uma metodologia poderosa para decretar o fim das velhas ideias. Rio de Janeiro: Campus, 2010.

BRUM, Fabiano. Afinando para o sucesso: motivação, carreira e marketing pessoal. Paranavaí: Edição do autor, 2011.

CAMPOS, Vicente Falconi. Gerenciamento da rotina do trabalho do dia a dia. 9ª ed. São Paulo: INDG, 2013.

COLLINS, Jim. Empresas feitas para vencer: por que apenas algumas empresas brilham. São Paulo: HSM, 2013.

COLLINS, James C.; PORRAS, Jerry I. Feitas para durar: práticas bem-sucedidas de empresas visionárias. 9ª ed. Rio de Janeiro: Rocco, 2007.

CONFÚCIO. Os analectos. Porto Alegre: L&PM, 2006.

CROSBY, Philip B. Qualidade é investimento. 7ª ed. Rio de Janeiro: José Olympio, 1999.

DE MASI, Domenico. O futuro chegou: modelos de vida para uma sociedade desorientada. Rio de Janeiro: Casa da Palavra, 2014.

DE MASI, Domenico. A sociedade pós-industrial. São Paulo: Senac SP, 1999.

DE MASI, Domenico. O futuro do trabalho: fadiga e ócio na sociedade pós-industrial. 8ª ed. Rio de Janeiro: José Olympio, 2008.

DEMING, William Edwards. A nova economia: para a indústria, o governo e a educação. Rio de Janeiro: Qualitymark, 1997.

DOUGLAS, William. As 25 leis bíblicas do sucesso: como usar a sabedoria da bíblia para transformar sua carreira e seus negócios. Rio de Janeiro: Sextante, 2012.

DOUGLAS, William. Como passar em provas e concursos: tudo que você precisa saber e nunca teve a quem perguntar. 28ª ed. Niterói: Ímpetus, 2008.

DRI, Newton. A liderança no reino da Caolhândia: o método de liderança do Dr. I transformando chefes em líderes. Jundiaí: Paco, 2013.

DRUCKER, Peter F. Sociedade pós-capitalista. 7ª ed. São Paulo: Thomson Pioneira, 1999.

FAYOL, Henry. Administração industrial e geral. 10ª ed. São Paulo: Atlas, 1994.

FEINSTEIN, David; KRIPPNER, Stanley. Mitologia pessoal: a psicologia evolutiva do self. São Paulo: Cultrix, 1994.

FIORETI, Mario. Design encanta, inovação surpreende!: as lições sobre design e inovação que são assim... uma Brastemp. São Paulo: Alta Books, 2015.

FLEURY, Maria Tereza Leme; FISCHER, Rosa Maria. Cultura e poder nas organizações. 2ª ed. São Paulo: Atlas, 1992.

FNQ – FUNDAÇÃO NACIONAL DA QUALIDADE. Critérios de excelência: avaliação e diagnóstico da gestão organizacional. 20ª ed. São Paulo: FNQ, 2013.

GOBÉ, Marc. Brand Jam: O design emocional na humanização das marcas. Rio de Janeiro: Rocco, 2010.

HSIE, Tony. Satisfação garantida: no caminho do lucro e da paixão. São Paulo: Thomas Nelson Brasil, 2010.

JOHNSON, Clay A. A dieta da informação: uma defesa do consumo consciente. São Paulo: Novatec, 2012.

KAHANE, Adam. Planejamento de cenários transformadores: trabalhando juntos para mudar o futuro. São Paulo: Senac SP, 2003.

KELLY, Tom. As 10 faces da inovação: estratégias para turbinar a criatividade. Rio de Janeiro: Elsevier, 2007.

KLARIC, Jürgen. Estamos cegos: provas concretas dos fracassos dos profissionais de marketing. São Paulo: Planeta de Livros Brasil, 2012.

LIMA, Jerônimo. Coisas boas vão acontecer: crônicas sobre conhecimento, filosofia, relacionamentos e sentimentos. Porto Alegre: HS, 2016.

LIMA, Jerônimo; AZAMBUJA, Carmen. Judiciário qualidade total. Canoas: Ulbra, 1999.

LIOSA, Mario Vargas. A civilização do espetáculo: uma radiografia do nosso tempo e da nossa cultura. Rio de Janeiro: Objetiva, 2013.

LOPES, Éverton. Seu bolso no divã: enfrentando seus problemas financeiros de perto, em busca da qualidade de vida financeira. Porto Alegre: Age, 2009.

LOPES, Éverton. Do economês para o português: um guia prático de finanças pessoais. Porto Alegre: Corag, 2005.

MARCIAL, Elaine Coutinho; GRUMBACH, Raul José dos Santos. Cenários prospectivos: como construir um futuro melhor. 5ª ed. Rio de Janeiro: FGV, 2008.

NEGRÃO, CélIa Lima; PONTELO, Juliana Fátima. Compliance, controles internos e riscos a importância da área de gestão de pessoas. Brasília: Senac, 2014

PIERCE, Jon L.; NEWSTROM, John W. A estante do administrador: uma coletânea de leituras obrigatórias. 5ª ed. Porto Alegre: Bookman, 2001.

PINTO, Luiz Fernando da Silva. Konosuke Matsushita, o senhor do tempo: modernidade e macroqualidade. São Paulo: T. A. Queiroz, 1992.

PLATÃO. A república. São Paulo: Martin Claret, 2000.

ROSENZWEIG, Phil. Derrubando mitos: como evitar os nove equívocos básicos do mundo dos negócios. Rio de Janeiro: Globo, 2008.

SATTERSTEN, Todd; COVERT, Jack. Os 100 melhores livros de negócios de todos os tempos: o que dizem, por que são importantes e como podem ajudar você. Rio de Janeiro: Campus, 2010.

SISODIA, Raj; WOLFE, David B.; SHETH, Jag. Empresas humanizadas: pessoas, propósito, performance. São Paulo: Instituto Capitalismo Consciente, 2015.

SMITH, Shaun; MILLIGAN, Andy. Bold: how to brave in business and win. London: Kogan Page, 2011.

SMITH, Shaun; MILLIGAN, Andy. See, feel, think, do: the power of instinct in business. London: Marshall Cavendish Business, 2009.

STEWART, Matthew. Desmascarando a administração: as verdades e as mentiras que os gurus contam e as consequências para o seu negócio. Rio de janeiro: Campus, 2010.

SUDJIC, Deyan. A linguagem das coisas. Rio de Janeiro: Intrínseca, 2008.

TAYLOR, Frederick Wislow. Princípios de administração científica. 8ª ed. São Paulo: Atlas, 1990.

TOFLER, Alvin; TOFLER, Heidi. Riqueza revolucionária: o significado da riqueza no futuro. São Paulo: Futura, 2007.

TOFLER, Alvin. Powershift: as mudanças do poder. 5ª ed. Rio de Janeiro: Record, 1995.

TZU, Sun. A arte da guerra: os treze capítulos originais. São Paulo: Jardim dos Livros, 2006.

WURMAN, Richard Saul. Ansiedade da informação 2: um guia para quem comunica e dá instruções. São Paulo: Cultura, 2005.

WURMAN, Richard Saul. Ansiedade de informação: como transformar informação em conhecimento. São Paulo: Cultura, 1991.